Pferde
Verstehen

LEICHTGEMACHT

W0044405

383

Isabelle von Neumann-Cosel-Nebe

PFERDE VERSTEHEN
LEICHTGEMACHT

Kosmos

Mit 21 Farbfotos, davon 2 Sigrun Geveke, Stein (S. 54 oben, S. 72 unten), 14 von Lothar Lenz, Cochem (S. 17 ganze Seite, S. 18 ganze Seite, S. 35 re. oben, S. 36 ganze Seite, S. 53 ganze Seite, S. 71 unten, S. 72 li. u. re. oben), 2 Edgar Schöpal, Düsseldorf (S. 71 li. u. re. oben), 1 Christiane Slawik, Würzburg (S. 35 unten), 2 Sabine Stuewer, Darmstadt (S. 35 li. oben, S. 54 unten) sowie 58 SW-Zeichnungen von Jeanne Kloepfer, Heidelberg.

Umschlaggestaltung von Atelier Jürgen Reichert, Stuttgart, unter Verwendung von Fotos von Klara Decker, München (U1, kleines Motiv oben), Lothar Lenz, Cochem (U1, großes Motiv), Sabine Stuewer, Darmstadt (U1, kleines Motiv unten) und Christiane Slawik, Würzburg (U4).

kosmos Bücher · Videos · CDs · Kalender · Seminare

zu den Themen: • Natur • Garten und Zimmerpflanzen • Astronomie • Heimtiere • Pferde & Reiten • Kinder- und Jugendbücher • Eisenbahn / Nutzfahrzeuge

Nähere Informationen sendet Ihnen gerne Kosmos Verlag · Postfach 106011 · 70049 Stuttgart

Die Deutsche Bibliothek – CIP-Einheitsaufnahme

Neumann-Cosel-Nebe, Isabelle von:
Pferde verstehen leichtgemacht / Isabelle von Neumann-Cosel Nebe. - Stuttgart : Kosmos, 1997
ISBN 3-440-07102-2

Alle Angaben in diesem Buch erfolgen nach bestem Wissen und Gewissen. Sorgfalt bei der Umsetzung ist indes dennoch geboten. Der Verlag übernimmt keinerlei Haftung für Personen-, Sach- oder Vermögensschäden, die aus der Anwendung der vorgestellten Materialien und Methoden entstehen.

© 1997, Franckh-Kosmos Verlags-GmbH & Co., Stuttgart
Alle Rechte vorbehalten
ISBN 3-440-07102-2
Lektorat: Ute-Kristin Schmalfuß
Printed in Germany/Imprimé en Allemagne
Satz: Utesch Satztechnik GmbH, Hamburg
Druck und Binden: Huber KG, Dießen

Kosmos Verlag Mitglied in der

Deutsche Vereinigung zum Schutz des Pferdes e.V.
Wienkamp 11 rechts
46354 Südlohn

Pferde verstehen leichtgemacht

Die Welt mit Pferdeaugen _ 7

Grundlagen des
Pferdeverhaltens _____ 9
Wildpferde _____ 9
Fluchtwanderwild _____ 11
Sinnesorgane _____ 13
Rangordnung _____ 16
Fohlen und Stute _____ 19
Pferdesprache _____ 19
Kein Kampf auf Leben und Tod _ 23
Nähe und Distanz _____ 23
Tagesverlauf und
Jahresrhythmus _____ 25
Pferde und Menschen _____ 26

Auf der Weide – geregelte
Freiheit _____ 28
Eines ist allein, zwei sind eine
Herde _____ 28
Kontaktaufnahme – Kann ich dich
riechen? _____ 29
Gleich und gleich gesellt sich
gern? _____ 30
Störfaktor Mensch _____ 32
Zur Weide – Eile mit Weile _____ 33
Fluchtdistanz – kritische
Distanz _____ 34
Der Fänger auf der Weide _____ 38
Richtig führen – gewußt wie _____ 39

Der Stall – Zuflucht oder
Gefängnis _____ 43
Gruppen-Auslaufhaltung _____ 44
Die Box – Lauftier im Käfig _____ 44
Die ideale Box _____ 45
Fressen, schlafen, fressen … _____ 46
Wälzen in der Box _____ 47
Futter und Wasser – immer
frisch _____ 47
Regelmäßig füttern _____ 50
Schlechte Freßmanieren _____ 51
Liebe geht durch den Magen? _____ 56
Ausmisten _____ 56
Anbinden – Angst und Zwang _____ 57
Festhalten oder loslassen? _____ 58
Putzen – mehr als Fellpflege _____ 60
Striegel und Kardätsche _____ 61
Frisurenmode _____ 63
Fußpflege _____ 63
Beim Schmied _____ 64
Umgang mit Wasser _____ 64
Luft raus, Kopf runter –
das Satteln _____ 65
Wenn der Tierarzt kommt _____ 67
Haltungsbedingte Unarten _____ 68
Rangordnung zwischen Mensch
und Pferd _____ 73

In der Reithalle – immer die
gleichen Wege _____ 75
Sichere Wände? _____ 75

Ein besserer Käfig _____ 76
Die rettende Tür _____ 77
Isolation _____ 78
Freilaufen _____ 78
Longieren _____ 79
Aufsitzen, Absitzen _____ 81
Begegnungen der besonderen Art . 84
In Reih und Glied _____ 86
Ich sehe was, was du nicht siehst _ 88

Im Gelände – wo die Welt am schönsten ist _____ 91

Naturnähe in Ballungsräumen? __ 91
Geländegang in kleinen Schritten . 92
In Zweierreihen _____ 93
Gut geplant ist halb gelungen ___ 95
Innere Uhr, Kompaß und
Barometer _____ 96
Über Stock und Stein _____ 98
Nichts wie weg _____ 100

Auf dem Turnier – unter Leistungsdruck _____ 103

Der Weg in die Fremde _____ 103
In der Fremde _____ 106
Turnieralltag _____ 107

Pferdeverhalten beeinflussen _____ 109

Reiten – die natürlichste Sache
der Welt? _____ 109
Setzen Sie auf das richtige
Pferd! _____ 110

Anhang _____ 115

Weitere empfehlenswerte
Literatur und Videos _____ 115

Register _____ 116

Die Welt mit Pferdeaugen

Des Reiters Freud, des Verhaltensforschers Leid: So ausgeprägt ist die Rassevielfalt der Pferde, so unterschiedlich sind zudem ihre Merkmale und Eigenschaften, daß es schwerfällt, verbindliche Aussagen über Gemeinsamkeiten zu machen. Und nicht nur das – selbst die Vertreter ein und derselben Rasse zeigen ein ausgeprägtes Individualverhalten. Temperament, Charakter, Reizschwellen und Reaktionsschemata, Sozialisation und Lebenserfahrung lassen jedes einzelne Pferd zu einer unverwechselbaren Persönlichkeit werden. Selbst wenn Pferde nicht so eng mit Menschen zusammenleben können wie Hunde oder Katzen – die Beziehungen zwischen Menschen und Pferden sind voller Emotionen aller Art.

Die Verbindung von Sanftmut und Stärke, Furchtsamkeit und Mut, Geduld, Durchhaltevermögen, Leistungswille und unverbrüchlicher Treue als typische Charakterzüge der Pferde üben bis heute eine

»Willst du mein Pferdchen sein?«
In vielen Kinderspielen spiegeln sich unterschiedliche Facetten der Beziehung zwischen Pferd und Mensch wider.

einzigartige Faszination auf uns Zweibeiner aus. Das gilt durchaus nicht nur für
weibliche Teenager.

Getragen zu werden, sich tragen zu
lassen, gehört zu den vorsprachlichen, ja
sogar pränatalen prägenden Eindrücken
im menschlichen Leben. Kein Kinder-
zimmer ohne Schaukelpferd, kein Mär-
chenprinz ohne strahlendes Roß: Die
Kulturgeschichte des Pferdes reicht mit
ihren Wurzeln bis in Märchen, Mythen
und tief ins menschliche Unterbewußt-
sein.

Das Verhalten eines einzelnen Pferdes,
mit dem wir jeweils konfrontiert werden,
ist eine Kombination aus arttypischem
Instinktverhalten, individuellen Kompo-
nenten und im Laufe des Lebens erworbenen Verhaltensweisen. Dabei wird das
arttypische Verhalten vielfältig über-
lagert: von Ersatz-, Übersprungs- und
Protesthandlungen als Reaktion auf eine
wenig artgerechte Lebensumgebung ei-
nerseits, von verblüffender Anpassung an
die Forderungen des Menschen andererseits.

Pferdehalter, insbesondere Reiter,
werden immer mit einer großen Palette
von ererbten und erworbenen Verhaltensweisen ihrer Pferde konfrontiert.
Dieses Buch beschäftigt sich daher so
weit wie möglich mit der ganzen Bandbreite des Pferdeverhaltens. Neben dem
wissenschaftlich gesicherten, artspezifischen Verhalten wird an Beispielen auf individuelle Verhaltensweisen moderner
Reitpferde eingegangen.

Es zeigt sich, daß viele in der Tradition
der klassischen Reiterei ausgeprägten
Richtlinien für den Umgang mit Pferden
durchaus deren biologischem Naturell
optimal entsprechen. Das Wissen über

diese Zusammenhänge ist allerdings viel
zu häufig verlorengegangen.

In den folgenden Kapiteln werden die typischen Schauplätze und Situationen, in
denen Menschen mit Pferden umgehen,
auf mögliche Instinktreaktionen unter-
sucht. Das gilt für Situationen beim Versorgen, Putzen und Reiten, im heimischen Stall und auf der Weide, im fremden
Gelände oder auf dem großen Turnierplatz. Fallberichte, die Beispiele für Instinktreaktionen von Pferden aufzeigen,
liefern den Bezug zur alltäglichen Praxis.
Daß viele dieser Fälle zugleich Unfallbe-
richte sind, liegt auf der Hand. Ein großer
Teil der Erziehung und Ausbildung von
Pferden besteht gerade darin, ihnen ur-
sprüngliche Verhaltensweisen abzugewöhnen. Das geschieht nicht zuletzt, um
dem Sicherheitsbedürfnis von Mensch
und Tier zu entsprechen.

Jeder Pferdefreund weiß aus eigener
Erfahrung, daß zwei unterschiedliche
Pferde in derselben Situation höchst verschieden, ja sogar entgegengesetzt reagieren können. Pferdeverhalten läßt sich
nicht immer eindeutig erklären und noch
weniger vorhersagen. Aber ein grundlegendes Verständnis für die biologische
Disposition des Pferdes hilft, die Bandbreite des möglichen Verhaltens vorher
abzuschätzen.

Wem es gelingt, eine Situation mit
Pferdeaugen zu betrachten, der wird den
beiden wichtigen Forderungen im Umgang mit unserem größten Haustier am
ehesten gerecht: der tierschutzgerechten
Behandlung und dem eigenen Sicherheitsbedürfnis.

Isabelle von Neumann-Cosel-Nebe

Grundlagen des Pferdeverhaltens

Wie viele andere Wissenschaften hat die Verhaltensforschung in den letzten 30 Jahren erstaunliche Erkenntnisse bereitgestellt. Ein Stöbern in Literaturlisten und ein Vergleich einschlägiger Themen machen allerdings schnell klar: Pferde, Equiden überhaupt, gehören nicht zum bevorzugten Forschungsgegenstand der Ethologie. Im Gegenteil: Es gibt nur wenige Veröffentlichungen über das Verhalten der Pferde, die in kritischen Wissenschaftleraugen Bestand haben.

Das ist leicht zu verstehen. Das Verhalten, an dem die Ethologen grundlegend interessiert sind, ist das artspezifische, bei jedem Tier gleichermaßen zu beobachtende, reproduzierbare Verhalten einer biologischen Art.

Je ursprünglicher und naturnäher Tiere leben, desto ausgeprägter und eindeutiger ist ihr Instinktverhalten. Tiere, deren Haltungsbedingungen von Menschen diktiert werden, Haustiere oder Zuchttiere, überlagern ihr artspezifisches Verhalten durch vielfältige Ausrichtung auf ihre jeweilige Lebenssituation. Dieser Vorgang ist unabänderlich – positiv kann er als Anpassung interpretiert werden, negativ als Degenerieren.

Für Untersuchungen des artspezifischen Verhaltens werden begreiflicherweise nicht die vom Menschen künstlich geformten Rassen einer biologischen Spezies herangezogen, sondern ihre wildlebenden Vorfahren. Verhaltensforscher interessieren sich nicht für den Deutschen Schäferhund, sondern für den Wolf. Der berühmte Verhaltensforscher und Nobelpreisträger Konrad Lorenz teilte das Leben nicht mit fetten Weihnachtsbraten, sondern mit wildlebenden Graugänsen. Wir verdanken ihm eine Maxime, die sich auch als grundlegendes Motto für Pferdefreunde bestens eignet: »Die einzig menschenwürdige Grundlage für den Umgang mit dem Tier ist das Wissen.«

Wildpferde

Wildpferde, wie sie die Verhaltensforschung als Gegenstand ihres Interesses akzeptieren würde, sind nahezu ausgestorben. Die wild oder halbwild lebenden Pferde, die es auf der ganzen Erde noch gibt, sind bis auf verschwindende Restbestände überall das Produkt geschichtlicher Entwicklungen und menschlicher Aktionen.

Als letzte lebende Wildpferde wurden Ende des 19. Jahrhunderts die nach ihrem Entdecker benannten Przewalski-Pferde beschrieben. Sie gelten als Stammform der Hauspferde. Als lebende Zeugen erinnern sie an 60 Millionen Jahre

Entwicklungsgeschichte, bevor der Mensch entscheidend in das Leben der Pferde eingegriffen hat. Durch Jagd, Vergrößerung der Weideflächen und eine Zunahme der Haustierbestände wurden diese Wildpferde, die früher vom Ural und Kasachstan über ganz Mittelasien bis zur Mongolei verbreitet waren, nahezu ausgerottet. Die wenigen übriggebliebenen Exemplare leben heute streng geschützt in den Steppen und Wüsten Zentralasiens. In verschiedenen Zoos, zum Beispiel im Münchner Tierpark Hellabrunn, wurde das Przewalski-Pferd aus nur zehn ursprünglich eingeführten Tieren erfolgreich rückgezüchtet. Auswilderungsprojekte, die eine schrittweise Wiederansiedlung der Przewalski-Pferde in ihrem ursprünglichen Lebensraum zum Ziel haben, sind in den letzten Jahren angelaufen.

Eine bislang unbekannte Urpferderasse wurde erst Mitte der neunziger Jahre in der Mongolei entdeckt.

Die Urform der Pferde, bekannt als *Hyracotherium (Eohippus)*, hatte mit den heutigen Pferden kaum etwas gemeinsam. Katzen- bis fuchsgroß, ähnelten sie in ihrem Körperbau eher kleinen Ducker-antilopen. Ihre zarten Gliedmaßen besaßen vorne je vier und hinten je drei Zehen. Als Laubfresser suchten sie ihre Nahrung im brodelnden Sumpfwald. Die allmähliche Veränderung der Lebensumgebung – sinkende Temperaturen, mehr Nadelwald, mehr fester Boden, mehr Gras – schlug sich in der Entwicklung der

Eohippus und Urwildpferd: vom fuchsgroßen Laubfresser zum hochspezialisierten Steppenbewohner

Spanische Eroberer

Die spanischen Eroberer brachten bei der Entdeckung der Neuen Welt nicht nur Alkohol und Feuerwaffen, sondern auch Pferde mit nach Amerika. Die Tiere verwilderten, schrumpften in wenigen Generationen auf das von der Natur vorgesehene handliche Ponymaß und wurden die Vorfahren der legendären Mustangs aus dem Wilden Westen.

Urpferdchen nieder. Sie wurden größer und damit schneller, ihr Gebiß veränderte sich, die Zehen der Vorder- und dann auch der Hintergliedmaßen wuchsen zusammen, bis das Pferd zum Zehenspitzengänger mit Hufen wurde.

Natürlich verlief diese Entwicklung viel eher dramatisch als geradlinig. Riesige Naturkatastrophen haben dabei mitgespielt: Das Auseinanderreißen vormals zusammenhängender Kontinente hat die Pferde bei der Suche nach neuen Lebensräumen auf immense Wanderungen getrieben. Drastisch veränderte Umweltbedingungen während der Eiszeit haben die Gattung *Equus* teilweise aussterben lassen, zum Beispiel in Amerika. Daher stammen sämtliche amerikanischen Pferde aus Europa, wie in unserem **Fallbeispiel** (S. 11) geschildert wird.

Auch wenn die Urwildpferde heute nicht mehr als Forschungsobjekte zur Verfügung stehen, weiß man dennoch einiges über ihr Verhalten. Und einigen Pferderassen sieht man die nahe Verwandtschaft zu den Wildpferden deutlich an.

Die Przewalski-Pferde, etwa 1,30 Meter hohe Tiere mit lehmfarbenem bis rotbraunem Fell und einem dunklen Aalstrich, der sich entlang der Wirbelsäule bis zur Schweifwurzel zieht, haben vielen heutigen naturnahen Rassen äußere Merkmale mitgegeben: Der lange, schwere Kopf mit der dicken Ramsnase und dem hellen »Mehlmaul«, der so gar nicht dem herrschenden Schönheitsideal entspricht, findet sich in etlichen Robustponys wieder. Den Urpferden am ähnlichsten sind die britischen Exmoor-Ponys.

Die helle Lehmfarbe mit dem schwarzen Aalstrich auf dem Rücken ist zum Kennzeichen der urwüchsigen Norweger geworden. Eine halbwild lebende Norwegerherde diente dem Tierarzt Michael Schäfer als Anschauungsobjekt für seine grundlegenden Studien zur »Sprache des Pferdes«.

Auch die einzigen noch in Deutschland lebenden Wildpferde, die Dülmener, mausgraue bis bräunliche Tiere, sehen dem Urwildpferd recht ähnlich. Wissenschaftliche Beobachtungen der Dülmener Wildpferde hat der Freiburger Verhaltensforscher Klaus Zeeb veröffentlicht.

Fluchtwanderwild

Equiden gelten im biologischen Sinn als »Fluchtwanderwild«, »hochspezialisierte Flucht- und Lauftiere«, die nur im Herdenverband überleben können. Ihr ursprünglicher Lebensraum ist die weitläufige Steppe. Sie sind, wie der Psychologe Wilhelm Blendinger in seinem Standardwerk »Die Psychologie des Pferdes« mit poetischer Intensität formulierte, »wie geschaffen zum Laufen in der großen Weite«.

Leistungsfähige innere Organe prädestinieren das Pferd zum ausdauernden Läufer. Eine rationelle Bewegungsmechanik macht es möglich, auch mit Bodenbeschaffenheiten der unterschiedlichsten Art zurechtzukommen. Selbstverständlich können Pferde von Natur aus springen, sie tun es jedoch nur, wenn es unvermeidlich ist. Fluchttiere sind gezwungen, mit ihrer Energie rationell umzugehen, da sie sonst bei knappem Futterangebot rasch existentiell gefährdet sind.

Auf der Suche nach Nahrung und Wasser legen die Tiere täglich große Entfernungen zurück: beim Grasen im gemächlichen Schritt, auf der Suche nach Wasser- und Futterplätzen im ruhigen Trab, auf der Flucht im rasenden Galopp. Bis zu 20 Stunden am Tag verbringen grasende Pferde mit der Futteraufnahme. Dös- und Schlafphasen sind dementsprechend kurz. Pferde legen sich nur dann hin, wenn sie sich sicher fühlen. Einzig die Jungtiere haben ein hohes Schlafbedürfnis, und ihre ungestörte Ruhe wird von der Herde respektiert – ganz so, als hätten Pferde jüngste Forschungserkenntnisse parat, nach denen das Wachsen tatsächlich im Schlaf geschieht.

Pferde leben nicht standortgebunden. Wo sie sich allerdings für eine gewisse

Die Stute wacht über den Schlaf ihres Fohlens.

Der Quadrupedentest

Eine Züchterfamilie macht einen Sonntagsausflug zu einer weiter entfernt liegenden Weide, auf der die Dreijährigen gehalten werden. Die Fohlen kommen zunächst zutraulich an den Zaun, ergreifen aber plötzlich ohne jeden ersichtlichen Grund panisch die Flucht. Der Züchter schaut sich nach einer Fluchtursache um und entdeckt seinen kleinen Sohn, der hinter seinem Rücken auf allen Vieren dem Zaun entgegenkrabbelt.

Zeit einleben, helfen Rituale bei der Strukturierung des Alltags. Regelrechte Straßen in Form von Trampelpfaden entstehen auf den Wegen zu begehrten Futter- und Wasserplätzen. Schattige, wind- und insektengeschützte Ruheplätze werden regelmäßig und mit einem sicheren Gespür für die Witterung aufgesucht. Es gibt bevorzugte Kotablageplätze, Hengste markieren ihr vorübergehendes »Revier« mit Äppelhaufen.

Equiden sind Angriffen von Feinden durchaus nicht hilflos ausgeliefert. Hufe und Zähne eines Pferdes stellen ernstzunehmende Waffen dar. Gegen ein Raubtier, das von oben auf seinen Rücken gesprungen ist, hat ein Pferd freilich keine Chance. Zu den natürlichen Feinden der Wildpferde gehörten allerdings nicht nur die großen Raubkatzen, sondern auch im Rudel jagende Hyänen und Wölfe.

So gut Pferde und Hunde heutzutage oft miteinander auskommen – ein winziger Rest jener Urfeindschaft gehört zum Instinktverhalten der Pferde und kann aufflammen, wenn Pferde sich von Hunden gejagt fühlen.

Verblüffend ist die Wirkung des sogenannten Quadrupedentests: Wer sich auf die Knie niederläßt und krabbelt, dem Pferdeauge also den Anblick eines nicht identifizierbaren Vierbeiners liefert, wird als potentielle Gefahr eingestuft. Wie der kleine Junge in unserem **Fallbeispiel** (S. 13) kann man auf Händen und Füßen mit Leichtigkeit eine ganze Pferdeherde in die Flucht schlagen.

Sinnesorgane

Leistungsfähige Sinnesorgane wurden für das Urpferd zur Überlebensfrage. So kann es nicht überraschen, daß Wildpferde eine überragend gute Sinneswahrnehmung entwickelten:

Sehen: Die seitliche Anordnung der Augen am Kopf erlaubt eine nahezu komplette Rundumsicht, jedoch mit variierender Schärfe. Direkt vor dem Kopf und hinter den Hinterbeinen befinden sich zwei kleine tote Winkel. Am besten erkennen Pferde alles, was sie mit beiden Augen gleichzeitig sehen.

Pferdeaugen sind ganz anders konstruiert als Menschenaugen und liefern – aus unserer Sicht – horizontal verzerrte Bilder. Dafür ist die Bewegungssehschärfe auch in weiter Ferne enorm. Pferdeaugen stellen sich noch langsamer als Menschenaugen auf rasch wechselnde Lichtverhältnisse ein. Dafür sind Pferde dem Men-

Pferde haben fast eine komplette Rundumsicht: Durch geringfügige Kopfbewegungen lassen sich selbst die toten Winkel in das Sichtfeld einbeziehen.

schen bei der Orientierung im Dunkeln bei weitem überlegen, da sie hinter der Netzhaut eine reflektierende Zellschicht besitzen, das sogenannte *Tapetum lucidum*. Das einfallende Licht wird von dieser Zellschicht reflektiert und erregt erneut die Sehzellen. Pferde können sich jedoch auch ohne Augen orientieren: Auf einem oder auf beiden Augen erblindete Tiere finden sich noch erstaunlich gut zurecht.

Hören: Pferde haben ein sehr feines Gehör, mit dem sie jedes Knistern, Rascheln und Zischen, das Bewegung anzeigt, rechtzeitig herausfiltern können. Laute, hohe, schrille Geräusche und Stimmen sind ihnen begreiflicherweise unangenehm.

Riechen: Weniger offensichtlich ist ihr besonders leistungsfähiger Geruchssinn, der dem mancher Hunde Konkurrenz machen kann. Pferde verabscheuen Raubtiergeruch, Rauch und Feuer, stinkenden Müll oder intensiv riechende Medikamente, ganz besonders aber Aas- und Blutgeruch. In unserem **Fallbeispiel** (S. 15) entpuppte sich ein dörfliches Schlachtfest als des Rätsels Lösung – die einschlägige Witterung war den Pferden so unangenehm, daß nicht einmal der verlockende heimatliche Stall darüber hinweghelfen konnte.

Ich rieche was, was du nicht riechst

Zwei Reiterinnen kommen mit ihren Pferden nach einem längeren Ausritt zurück ins heimatliche Dorf. Von einem Meter zum anderen weigern sich die Pferde, den vertrauten Weg weiterzugehen. Sie schnauben, scheuen und versuchen, ohne ersichtlichen Grund umzudrehen. Schließlich sehen sich die Reiterinnen gezwungen, dem unerklärlichen Widerstand nachzugeben und erreichen auf einem Umweg problemlos den vertrauten Stall.

Schmecken: Der Geschmackssinn der Pferde ist differenziert ausgeprägt. Sie sind auf der Futtersuche durchaus wählerisch und fressen längst nicht alles, was ihnen vor der Nase wächst oder in die Krippe geschüttet wird. Wildlebende Pferde wissen in der Regel genau, welches Futter ihnen bekommt; Vergiftungen haben Seltenheitswert.

Fühlen und Tasten: Pferde besitzen eine berührungssensible Haut und registrieren bereits die kleinsten Bewegungen. Die gegenseitige Hautpflege ist ein wichtiger Teil des Sozialverhaltens. Pferde können erstaunlicherweise über ihre Haut auch große Mengen Schweiß absondern und müssen zur Abkühlung nicht hecheln wie Hunde oder Katzen. – Der Psychologe Wilhelm Blendinger stellte fest, daß die Fähigkeit zur Schweißabgabe bei den sogenannten empfindlichen Pferden mit hohem Vollblutanteil am größten ist.

Ihre äußerst weichen, empfindlichen Lippen, die an der Unterseite mit hochsensiblen Tasthaaren besetzt sind, können Pferde wie einen Tastfinger benutzen. Sie sind beispielsweise erstaunlich geschickt, wenn es darum geht, ungenießbare Fremdkörper aus ihrem Futter zu sortieren.

AUF EINEN BLICK

Samtweiche Nüstern und Lippen
- Lippen und Nüstern des Pferdes erfüllen vielfältige Tastaufgaben.
- Sensible Tasthaare rund um Maul und Nüstern helfen dem Pferd dabei. Diese Haare sollten keinem fragwürdigen Schönheitsideal zum Opfer fallen.
- Beim Auftrensen sollte kein Tasthaar gekrümmt, geknickt oder eingeklemmt werden.
- Mit Hilfe der großen, blitzschnell zu weitenden Nüstern beschnuppern Pferde ihr Gegenüber. Die Oberlippe ist das bevorzugte Tastorgan.
- Mit ihren samtweichen Nüstern und Lippen sind Pferde zu erstaunlicher Behutsamkeit bei der Begrüßung, dem Austausch von freundschaftlichen Berührungen oder beim Entgegennehmen von Belohnungsfutter fähig.

Rangordnung

Das Leben in der Herde funktioniert nach streng hierarchischen Prinzipien. Die Rangordnung innerhalb der Herde muß in allen Konstellationen immer wieder neu abgefragt werden. Dabei liefern sich Pferde selbstverständlich keine beständigen Kämpfe auf Leben und Tod. Auch Leithengste sind höchstens in Büchern unermüdlich damit beschäftigt, sich irgendwelcher Konkurrenten zu erwehren! Vielmehr ähnelt die komplizierte innere Struktur eines Herdenverbandes einer lebhaften, patriarchalisch organisierten Großfamilie. Der Leithengst duldet in seiner Herde andere Kleinfamilien, bestehend aus jeweils einem Hengst und mehreren Stuten. Wird die Herde zu groß, teilt sie sich in eigenständige Gemeinschaften.

Oben:
Aufmerksam beschnuppert der peruanische Paso-Hengst die Umgebung der Kotablagestelle (links). Die Botschaften für seine Nase sind offensichtlich an- und aufregend: Flehmen mit hochgezogener Oberlippe signalisiert erregende Gerüche, vor allem im Zusammenhang mit sexuellen Kontakten (rechts).
Unten:
Kraftvoller Schub aus der Hinterhand und natürliche Aufrichtung kennzeichnen das männliche Imponiergehabe. Die angedeutete Seitwärtsbewegung (links) soll einen möglichen Konkurrenten verscheuchen. Ähnlichkeiten solcher Bewegungsabläufe mit Lektionen im Dressursport sind durchaus beabsichtigt.

Aber nicht nur der anerkannte Leithengst, sondern auch die Leitstute wird dank Kraft und Erfahrung von den anderen Tieren respektiert. Sie sind die wichtigsten »Wächter« der Herde, die recht-

Vorzugsweise von erhöhter Warte aus wacht der Hengst über seine Herde.

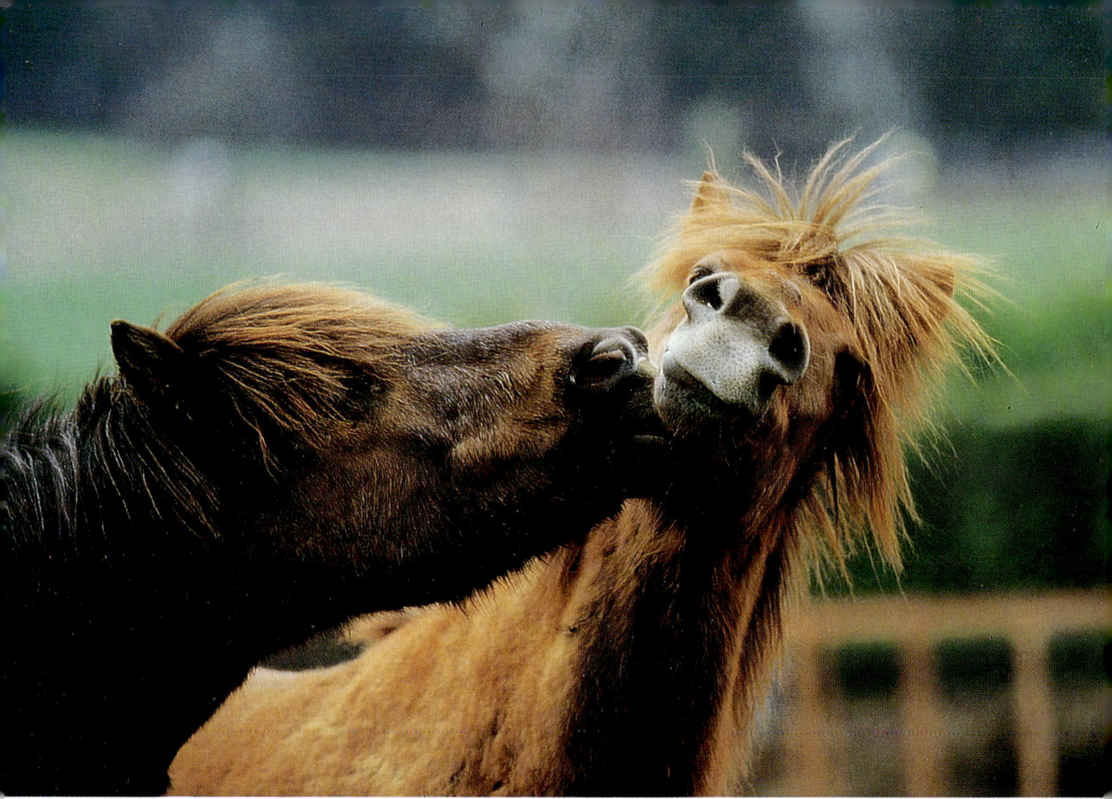

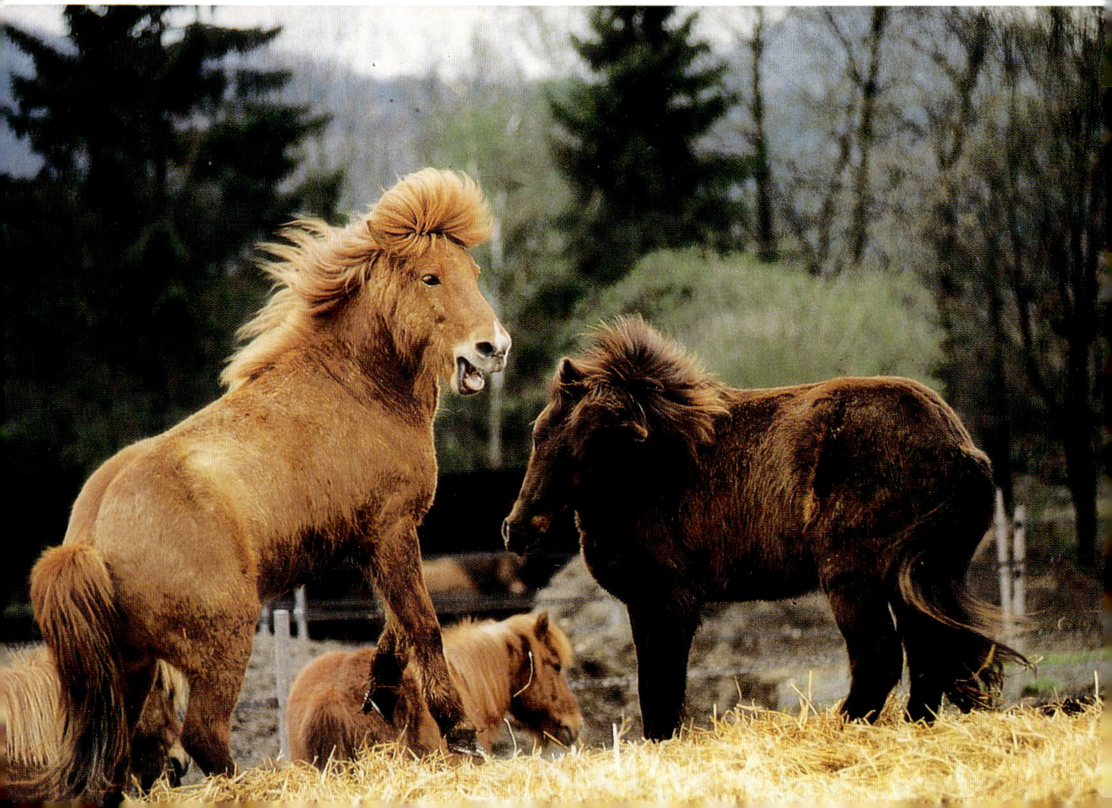

zeitig das entscheidende Kommando zur Flucht geben. Leithengste umkreisen die anderen Tiere oft wie ein guter Schäferhund. Sie haben als ranghöchstes Herdenmitglied stets den begehrtesten Futterplatz und den Vortritt an der Wasserstelle.

Gleich und gleich gesellt sich gern, auch innerhalb der Herde – das gilt für wenige Monate alte Spielgefährten ebenso wie etwa für Hengste, die noch keine Stuten für sich gewinnen konnten. Sie schließen sich sogar in der Art von Junggesellenclubs zusammen und zeigen typisch »halbstarkes« Benehmen.

Fohlen und Stute

Sinn und Zweck des Herdenverbandes ist der Schutz des einzelnen Individuums bzw. des Fortbestandes seiner Nachkommenschaft. Die Sicherung des Fortbestandes der eigenen Gene gilt in der Biologie als der stärkste Antrieb überhaupt. Pferde haben ein ausgeprägtes Sexualverhalten; Stuten sind alle drei Wochen rossig, das heißt paarungsbereit. Durch häufiges Urinieren und eine Schleimabsonderung aus der Scheide machen sie den Hengst unmißverständlich darauf aufmerksam. Der eigentlichen Be-

Aus dem lustvollen Knabbern (oben) wird schnell eine Aufforderung zum Kampfspiel zwischen zwei Isländern (unten) – schließlich müssen die Kräfte beständig trainiert werden. Lippen und Zähne der Pferde können in allen Abstufungen eingesetzt werden: von der vorsichtigen Annäherung zum zarten Beknabbern, von der Beißdrohung mit gefletschten Zähnen bis zum Zwicken und schmerzhaften Biß.

deckung geht ein ritualisiertes »Liebesspiel« voraus.

Die lange Tragzeit von elf Monaten gibt vor, daß die Stuten regelmäßig im Jahresrhythmus Fohlen zur Welt bringen können. Im allgemeinen hat eine Stute nur ein Fohlen; bei Zwillingen überlebt höchstens eines, oft auch keines von beiden Tieren. Stuten sind zärtliche Mütter mit ausgesprochen pädagogischem Talent. Obwohl Fohlen als Nestflüchter bereits kurz nach der Geburt alle Gangarten beherrschen, müssen sie bis zur Trennung von der Mutter einen Crash-Kurs in Überlebenstechniken absolvieren. Geduldig und behutsam, aber durchaus konsequent bringen Stuten ihren Fohlen bei, was sie über Nahrungsaufnahme, Körperpflege und vor allem den Umgang mit anderen Mitgliedern der (Pferde-) Gesellschaft wissen müssen.

Wie Menschenkinder, so lernen auch Fohlen spielend fürs Leben. Sie messen ihre Kräfte, trainieren ihre Schnelligkeit, üben ihre Kampftechniken, erhöhen ihre Fluchtgeschwindigkeit, steigern ihr Reaktionsvermögen. Wichtige Reiz-Reaktions-Schemata werden den Pferden auf diese Weise zur zweiten Natur.

Pferdesprache

Pferde sind leise Tiere und verständigen sich zumeist lautlos: durch Mimik, Körperhaltung und Bewegung.

Untereinander erkennen sie sich nicht nur am typischen Geruch, sondern bereits blitzschnell an der optischen Gestalt. Körperform, Linierung, Gesichtsausdruck, Körperhaltung und Art der jeweiligen Annäherung vermitteln ihnen überdeutlich die Stimmungslage ihres jeweiligen

Pferde verfügen über eine ausdrucksvolle Mimik:

① drohend   ④ dösend
② interessiert   ⑤ erschöpft
③ ängstlich   ⑥ erregt

AUF EINEN BLICK

Ohrenspiele

- An den Ohren läßt sich die Stimmung eines Pferdes blitzschnell und zweifelsfrei ablesen.
- Nach vorn gespitzte Ohren signalisieren angstfreie Neugier.
- Eine mittlere Ohrenstellung mit Tendenz nach vorne ist der Normalzustand.
- Nach hinten flach an den Kopf angelegte Ohren sind eine deutliche Drohung an ein zwei- oder vierbeiniges Gegenüber.
- Zwischen diesen beiden extremen Ohrenstellungen kommen alle möglichen Varianten vor. Lebhaftes Ohrenspiel signalisiert, wohin das Pferd gerade seine Aufmerksamkeit lenkt.
- Verkrampfte Ohren deuten auf Unbehagen und Angst hin.
- Eine biologische Besonderheit sind die sogenannten Bammelohren, die in entspannter Haltung seitlich am Kopf auf- und abwippen.

Viele Lektionen der Hohen Schule sind dem Imponierverhalten der Pferde nachempfunden.

Ein beliebter Freundschaftsdienst nach dem Motto »Wie ich dir, so du mir« ist das gegenseitige Fellkraulen.

Gegenübers. Auch einen Neuling schätzen die Tiere auf diese Weise zuverlässig ein. Sie verfügen über eine Fülle anschaulicher Ausdrucksmöglichkeiten, die auch ein menschlicher Betrachter unmittelbar versteht, von den drohend angelegten Ohren über den passageartigen Imponiertrab bis hin zum hochgestellten Schweif, der die Aufforderung zum Blitzstart bedeutet.

Pferdeausbilder in allen Reitweisen, vom Westernreiten über Zirkusnummern bis hin zur Hohen Schule, haben sich das natürliche Bewegungsrepertoire der Pferde, einschließlich des Imponierverhaltens, für ihre Intentionen zunutze gemacht.

Wenn zwei Pferde sich begegnen, reicht die Körpersprache oft völlig aus, um die Rangordnung abzuklären. Pferde, die einander freundlich gesinnt sind, beweisen dies durch das Dulden von Nähe und Berührungen. So weiden vierbeinige Freunde gern Kopf an Kopf.

Ein beliebter Freundschaftsdienst ist die soziale Fellpflege: das gegenseitige Fellkraulen an Mähnenkamm, Widerrist und Kruppe. Nur bei guten Pferdefreunden kann man beobachten, daß ein Pferd den Schweif des anderen als Fliegenwedel benutzt.

Pferde setzen ihre Stimme, von zufriedenem Abprusten und leisem Begrüßungsschnauben einmal abgesehen, nur unter Aufregung ein. Das Begrüßungsritual zweier fremder Pferde wird durch lautes Quietschen abgeschlossen. Mit hellem Wiehern ruft die Stute notfalls ihr Fohlen, schreit das Jungtier nach seiner Mutter, warnt ein Pferd aufgeregt seine Artgenossen. Selten zu hören, aber nichtsdestoweniger eindrucksvoll ist das Kampfgebrüll der Hengste.

AUF EINEN BLICK

Leise Töne – das Lautrepertoire
- Pferde sind leise Tiere. Mit lauter Stimme verständigen sie sich nur bei Aufregung.
- Das Wiehern ist ein intensiver Appell an die Artgenossen. Ein Hengst wiehert nach einer Stute, eine Mutterstute nach ihrem Fohlen, ein Pferd beim Abschied von einem Stallgefährten.
- Eine Reihe von Lauten kommt mit Hilfe der Nüstern zustande.
- Manche Pferde gebrauchen eine Art angedeutetes, stimmloses Wiehern als Begrüßungslaut, andere ein leises Schnauben. So reagieren sie auf bekannte Pferde, vertraute Menschen oder den Futterwagen.
- Heftiges Schnauben signalisiert Erregung, die sich mit Ablehnung verbunden bis zu einem unmißverständlich entrüsteten Schnorcheln steigern kann.
- Schrilles Quietschen bedeutet eine eindringliche Warnung an aufdringliche Artgenossen.
- Selten, aber imposant ist der dem Raubtiergebrüll ähnliche wütende Kampfschrei der Hengste.
- Leises Schnauben und zufriedenes Prusten signalisieren innere Entspannung und Wohlbefinden.
- Schmerzenslaute haben Seltenheitswert – Pferde leiden geduldig und stumm.

Lautes Jammern oder ausgiebige Klagelaute sind Pferden fremd. Bei einem starken Schmerz geben sie gelegentlich einen kurzen Schmerzenslaut von sich. Ansonsten leiden Pferde stumm und ergeben.

Kein Kampf auf Leben und Tod

Kämpfen Pferde miteinander, so sind dies keine Schlachten auf Leben und Tod, sondern Kommentkämpfe, die damit enden, daß der Besiegte die Niederlage deutlich eingesteht. Er tritt – meist nicht ernsthaft verletzt – den Rückzug an. Stuten schlagen im Kampf vorrangig mit den Hinterbeinen aus und beißen, Hengste schlagen zudem mit den Vorderbeinen und versuchen, ihren Gegner im Steigkampf niederzuringen. Die Fertigkeiten im Kampf werden immer wieder spielerisch erprobt, und das nicht nur von Jungtieren.

Nähe und Distanz

In seiner unmittelbaren Nähe, der Individualdistanz (oder auch kritischer Distanz), einem individuell unterschiedlich ausgeprägten, sozusagen magischen Umkreis von ca. drei Metern, duldet das Pferd nur befreundete Tiere, eigene Nachkommen oder den Sexualpartner. Fühlt es sich innerhalb dieser kritischen Distanz in die Enge getrieben, setzt es sich zur Wehr.

Im Fall einer möglichen drohenden Gefahr allerdings suchen Pferde erst ein-

Wer ist der Stärkere? Eine brennende Frage, die männliche Konkurrenten vorzugsweise im Steigkampf ausdiskutieren.

mal ihr Heil in der Flucht. Eine Herde flieht so gut wie möglich im geschlossenen Verband – Nachzügler sind die prädestinierten Opfer. Spektakulär für den menschlichen Betrachter ist die Reaktionsschnelligkeit der Pferde. In Sekundenbruchteilen verwandelt sich eine friedlich weidende Herde in eine Staubwolke aus donnernden Hufen.

Großer psychischer Streß kann Pferde in eine ziellose, gefährliche, unter Umständen selbstzerstörerische Panik versetzen, in der jede Sinneswahrnehmung – selbst auf starke Außenreize – ausgeschaltet ist. Pferde in Panik nehmen auf der Flucht vor der einen Gefahr eine mögliche andere, viel näherliegende und viel bedrohlichere Gefahr nicht mehr

wahr. Sie rennen ins Feuer, prallen gegen Einzäunungen, kollidieren mit Autos oder rennen andere Lebewesen um, ohne Rücksicht auf Verluste.

Natürlich endet nicht jede Flucht so spektakulär. Dem Pferd reicht es meist aus, einen individuell ausgeprägten Sicherheitsabstand, der von Fall zu Fall wechseln kann, zwischen sich und der möglichen Gefahr zu wahren. Aus der sicheren Fluchtdistanz heraus kann es dann durchaus interessiert mit der potentiellen Bedrohung Kontakt aufnehmen. Die Reizschwelle, deren Überschreitung zu einer Fluchtreaktion führt, ist bei jedem Tier unterschiedlich ausgeprägt. Das Neugierverhalten bildet ein Gegengewicht zum Fluchtverhalten und sorgt dafür, daß die Equiden ihre Bewegungsenergie nicht wegen jeder kleinen Störung sinnlos verschwenden.

Tagesverlauf und Jahresrhythmus

Pferde sind Gewohnheitstiere. Für wildlebende Tiere bieten wiederkehrende Rituale Entscheidungssicherheit sowie leichtere Identifikation des Ungewohnten und Bedrohlichen. An einmal eingeschlagenen und als günstig erfahrenen Gewohnheiten halten sie daher hartnäckig fest: immer derselbe Weg zur Wasserstelle, immer derselbe bevorzugte Spielgefährte, immer derselbe Platz zum Dösen. Auf diese Weise schleifen sich angenehme und unangenehme Erfahrungen sowie die dazugehörigen Reaktionen zuverlässig ein.

Kein Pferd begeht zweimal denselben Fehler, wenn ihm beim ersten Mal Nach-

Wo das eine Pferd noch zwischen Furcht und Neugier schwankt, stürzt das andere bereits panisch davon.

teile aus seiner Reaktion erwachsen sind. In unserem **Fallbeispiel** (S. 26) war das Pferd vor Jahresfrist an dieser Stelle ausgerutscht und gestürzt. Solche unangenehmen Erfahrungen können sich Pferde über lange Zeit hinweg merken. Manche machen dem sprichwörtlichen »Elefantengedächtnis« Konkurrenz.

Eine leistungsfähige innere Uhr sorgt dafür, daß Pferde sich ihren Tag kräfteschonend einteilen und auch für den Jahresverlauf passend vorbereitet sind. Große Unterschiede zwischen Tag- und Nachttemperatur, Wechsel der Jahreszeiten, extreme Wetterlagen – Pferde sind für alle Fälle gerüstet. Ihr Fell paßt sich den unterschiedlichsten Witterungsbedingungen problemlos an, die Dauer des Tageslichts signalisiert ihnen viel eindeutiger als schwankende Außentemperaturen, wann es Zeit ist für den Wechsel vom Sommer- zum Winterfell und umgekehrt.

Gegen Insekten hilft notfalls eine Panierschicht aus verkrustetem Schlamm, entstanden durch ausgiebiges Wälzen. Wenn Pferde von Sturm, Regen oder Schnee überrascht werden und ihnen kein schützender Baumbestand oder Un-

Geheimnisvolle Vergangenheit

Bei einem Gruppenausritt im Gelände bleibt ein Pferd plötzlich aus dem vollen Galopp heraus stehen und steigt. Mit allen Anzeichen der Angst weigert es sich, an einer bestimmten Stelle vorbeizugehen, obwohl die Stallgefährten weitergaloppiert sind. Der Reiter kann keinerlei äußere Ursache für die deutliche Angst des Pferdes erkennen.

terschlupf zur Verfügung steht, drehen sie gemeinschaftlich, oft im Halbkreis, ihre Kehrseite gegen den Wind und warten mit stoischer Geduld darauf, daß sich das Wetter wieder normalisiert.

Pferde frieren selten: Ihr mehrlagiges Fell und eine Fett-Staub-Isolierschicht lassen Regenwasser gut abperlen und trotzen auch einigen Minusgraden. Starker Wind ist ihnen unangenehmer, und auf Zugluft reagieren sie äußerst empfindlich.

Pferde und Menschen

Die urzeitliche Beziehung zwischen Mensch und Pferd war die zwischen Jägern und Gejagten, abzulesen etwa an berühmten Höhlenmalereien. Wann daraus zum ersten Mal ein Vertrauensverhältnis wurde, liegt im Dunkel der vorgeschichtlichen Zeit verborgen. Geschichtlich überliefert ist die systemati-

Wo weder Flucht noch Gegenwehr nützen, wappnen sich Pferde mit stoischer Geduld.

sche Zucht von Pferden seit Jahrtausenden.

Eine verblüffende historische Quelle ist das Alte Testament der Bibel, in dem die höchst kenntnisreichen Vorgaben des weisen Königs Salomo für den Bau von Pferdeställen festgehalten sind.

Pferde als Reit-, Zug- und Lasttiere, als wichtigstes Fortbewegungsmittel und leider auch als entscheidendes Kriegsgerät haben die Menschheitsgeschichte mitgeschrieben. Erstaunlich ist dabei die verblüffende Anpassungsfähigkeit der Pferde an ihren Verwendungszweck und ihre jeweilige Umgebung:

Riesige Kaltblüter erledigten gemächlich und stark die anfallende Feldarbeit; Zehntausende englischer Grubenponys führten ein trostloses Leben unter Tage ohne Licht, Frischluft, Gras und freie Bewegung; winzige Shetlandponys ernährten sich hauptsächlich von Flechten und Moos, während sie als Lastträger bis zur Hälfte des eigenen Körpergewichts schleppten; athletische Vollblüter sorgen bis heute auf den Rennplätzen der ganzen Welt für Geschwindigkeitsrekorde und Millionenumsätze; moderne Warmblüter trieben den Pferdesport zu ungeahnter Hochblüte.

Auf der Weide – geregelte Freiheit

Die Weide kommt dem ursprünglichen Lebensraum der Pferde, der weitläufigen Steppe, am nächsten. Nur auf der Koppel können Pferde ihre natürlichen Instinkte entfalten und die Spielregeln des Sozialverhaltens erlernen. Für das Aufwachsen junger Pferde auf der Weide in Pferdegesellschaft gibt es keinen Ersatz! Aber auch ältere und alte Tiere lassen sich fast ausnahmslos wieder an ein Weideleben gewöhnen, ganz gleich, wie lange sie ausschließlich im Stall gehalten wurden.

Je größer die Weide, desto pferdegerechter ist sie und desto größer ist die Chance für die Tiere, ihre natürlichen Bedürfnisse zu befriedigen. Pferde verkraften dabei ein knappes Futterangebot besser als ein allzu üppiges.

Wer Pferde auf der Weide aufmerksam beobachtet, kann auf diese Weise einen Crash-Kurs zum Thema Pferdeverhalten absolvieren.

Eines ist allein, zwei sind eine Herde

Das Pferd als Herdentier fühlt sich nur in der Gemeinschaft wohl und sicher. Daher lieben alle Pferde Gesellschaft und versuchen, bei jeder sich bietenden Gelegenheit »Herde« zu spielen, so gut es geht.

Herden, wie sie in freier Wildbahn existieren, mit annähernd gleichgroßem Anteil männlicher und weiblicher Tiere und einer stark gemischten Altersstruktur, kann man höchstens noch im Zoo oder in Reservaten beobachten.

Diese »natürlichen« Herden sind im Dienst des Fortbestandes der eigenen Art organisiert. Die komplizierte Infrastruktur einer Herde sichert eine möglichst große Zahl von Paarungen und bietet vor allem Schutz für die Jungtiere.

In gängigen Zucht- oder Reitbetrieben ist es jedoch nicht üblich, daß sich Hengste und Stuten eine Weide teilen. Vom Menschen zusammengestellte Herden sind unter mehr oder weniger pferdegerechten Gesichtspunkten zusammengewürfelt: gleichaltrige Fohlen, Mutterstuten, zufällig zusammengekommene Bewohner eines Stalles ... Selbst wenn nur zwei sich fremde Pferde zusammen auf eine Weide gestellt werden, nehmen sie sofort miteinander Kontakt auf oder beschnuppern sich über einen trennenden Zaun hinweg. Die Klärung der Rangordnung ist dabei das oberste Gebot, um eine funktionierende Verständigung zu ermöglichen.

Dabei orientieren sich Pferde nicht nur an der Körperstärke ihres Gegenübers, sondern auch an Selbstbewußtsein, Unerschrockenheit und Erfahrung.

Vorsicht, Nachzügler!

Auf einer Gemeinschaftsfohlenweide sollen rund ein Dutzend Fohlen (Jährlinge und Zweijährige) verschiedener Besitzer aufgetrieben werden. Der Pächter der Weide bestellt die Fohlen zum festen Termin zur Koppel, ausgeladen wird gemeinsam. Nach aufre- gender Begrüßung und Abklären der Rangordnung bildet sich bald unter Führung eines lebhaften Zweijährigen eine friedlich grasende Herde. Am nächsten Morgen entdeckt der Weidenbesitzer ein Fohlen mit gebrochenem Genick.

Kontaktaufnahme – Kann ich dich riechen?

Die Kontaktaufnahme fremder Pferde untereinander geht anfangs stets nach einem vergleichbaren Schema vor sich. Die beiden Fremdlinge mustern sich und demonstrieren je nach Persönlichkeit schon in der Körperhaltung und Bewegung kraftvolles Selbstbewußtsein, Neugier oder ängstliche Unterwürfigkeit. Der Nasenkontakt endet oft mit einem drohenden Quietschen von mindestens einem der Beteiligten. Das gegenseitige Beschnuppern schließt in der Regel die Genitalregion ein (s. S. 35).

Ein Neuankömmling in einer Gruppe läßt dieses Ritual meist still und starr über sich ergehen, bevor sich die allgemeine Erregung in Bewegung Luft verschafft. Bei Fohlen kann man als Begrüßung eines ranghohen fremden Pferdes ein unterwürfiges Kauen beobachten.

Wer in eine festgefügte Herdengemeinschaft ein fremdes Pferd eindringen läßt, muß mit der Möglichkeit rechnen, daß dieses von der gesamten Gruppe abgelehnt wird. Alle gegen einen – das kann mit ernsthaften Verletzungen enden.

Wenn eine Herde neu zusammengestellt wird, sollten alle Tiere möglichst gleichzeitig aufgetrieben werden. Jeder Nachzügler hat es schwer! Im Zweifelsfall kann es sinnvoll sein, die schwächeren Tiere zuerst in die Freiheit zu entlassen, bevor sie von den stärkeren drangsaliert werden können. In unserem **Fallbeispiel** (S. 29) hatte ein verspäteter Pferdebesitzer ein schwaches Jährlingsstutfohlen ungeschützt nachträglich auf die Weide gebracht. Die frisch formierte Herde hatte das Stutfohlen sofort zu ja-

Rangordnungskämpfe

Eine Pferdehalterin läßt ihre beiden Wallache – einen ruhigen, älteren Herrn und einen jungen, spritzigen Schwaigangerer – regelmäßig zusam- men auf die Weide. Eines Tages ist es plötzlich mit dem Frieden vorbei – das jüngere drangsaliert ohne ersichtlichen Grund das ältere Pferd.

Neuankömmlinge nehmen zunächst mit den Nasen Kontakt auf.

gen begonnen. In kopfloser Panik war es daraufhin mit voller Wucht gegen den Zaun geprallt.

Bei befreundeten Pferden sollte der Besitzer allerdings die Rangordnung der Tiere untereinander kennen und respektieren; der Ranghöhere geht voran. In unserem **Fallbeispiel** (S. 29 unten) war diese Reihenfolge einmal nicht berücksichtigt worden, was zu lebhaften Protesten des ranghöheren Tieres führte.

Sympathie und Antipathie unter Pferden, Freundschaften und Feindschaften entstehen ganz wie bei den Zweibeinern spontan und sind mit logischen Argumenten nicht ausreichend zu begründen. Andererseits ist auch die Macht der Gewohnheit ein ausschlaggebender Faktor für das Zusammengehörigkeitsgefühl. Größere Pferdegruppen organisieren sich in Strukturen, die einer lebhaften Großfamilie ähneln. Den höchsten Respekt genießen ranghohe ältere Stuten oder starke, selbstbewußte Wallache – die manchmal erstaunlich gut miteinander auskommen. Rangordnungskämpfe sind normal – es handelt sich schließlich nicht um Kämpfe auf Tod und Leben, sondern um ein Kräftemessen, bei dem der Sieger sich zufriedengibt, wenn der Verlierer deutliche Unterlegenheit eingesteht. Dies geschieht durch Zurückweichen oder Flucht.

Pferdebesitzer dürfen solche Auseinandersetzungen dennoch nicht auf die leichte Schulter nehmen – keilende Pferde, die noch dazu beschlagen sind, können sich gegenseitig ernsthafte Verletzungen zufügen.

Gleich und gleich gesellt sich gern?

Man kann für die Zusammensetzung einer Pferdegruppe günstige und ungünstige Faktoren formulieren, aber im Einzelfall verhalten sich Pferde durchaus

Auf das Beschnuppern der Genitalregion reagiert ein ranghöheres Pferd mit Drohwinken eines Hinterbeines.

nicht nach solchen Vorschriften. Kritisch ist auf jeden Fall das Zusammentreffen zweier Tiere von annähernd gleichhohem Rang. Sie werden vermutlich endlos damit beschäftigt sein, in Rangordnungskämpfen herauszufinden, wer denn nun der Stärkere ist.

Enge Freundschaften zwischen Wallach und Stute gibt es oft, allerdings kann diese Idylle durch das Hinzukommen eines weiteren Wallachs jäh gestört werden – Eifersucht ist auch Pferden nicht fremd. Wallache neigen dazu, »ihre« Stute gegen Fremdlinge zu verteidigen, besonders wenn sie rossig, also paarungsbereit ist – ein Überbleibsel des Hengstverhaltens.

Die größte Verletzungsgefahr für andere Pferde geht von Stuten aus. Ihre natürlichen Waffen sind die Hinterbeine, mit denen sie sich auch gegen unerwünschte sexuelle Attacken wehren. Wallache sind in der Regel verträglicher, sofern sie nicht sehr spät kastriert wurden. Dann besteht jedoch durchaus die Gefahr, daß sie aggressive Hengstmanieren behalten, also mit den Vorderbeinen

Füttern auf der Weide

Zwei Kinder entdecken während eines Reiterferien-Aufenthaltes auf einem Gestüt eine Fohlenweide. Sie klettern über den Zaun und füttern die zutraulichen Tiere mit mitgebrachten Lekkerlis, die sie möglichst gerecht verteilen. Schließlich versuchen sie, einem kleinen schwachen Fohlen im Hintergrund, das sich nicht zu ihnen traut, ebenfalls einen Leckerbissen zukommen zu lassen. Plötzlich beginnen die vorher so friedlichen Tiere eine Keilerei, bei der beide Mädchen verletzt werden.

Eine rund konstruierte Heuraufe mit Trenngittern sichert auch rangniederen Pferden ungestörten Zugang zum Futter.

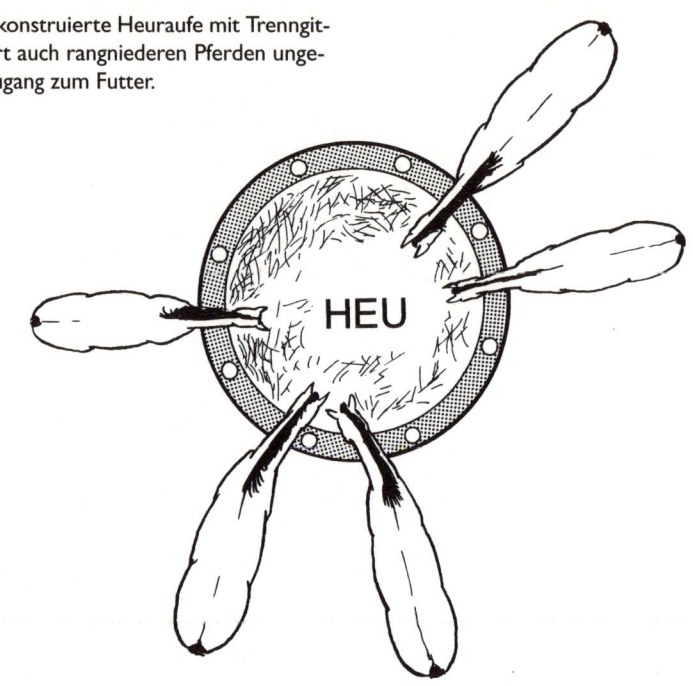

schlagen, keilen und beißen, um sich in der Rangordnung emporzuarbeiten.

Auf der Weide herrscht das Recht des Stärkeren. Wer hier dazwischenfunkt, muß mit artgemäßem Protest rechnen, wie in unserem **Fallbeispiel** (S. 31). Mitleid ist eine gefährliche Motivation für das Füttern von Pferden.

Getrennte Futterplätze müssen vorhanden sein, wenn mehrere Pferde auf der Weide Zusatzfutter erhalten, damit auch die schwächeren Tiere zu ihrem Recht kommen. Wenn man eine individuelle Fütterung mit Kraftfutter sicherstellen möchte, dann bleibt nichts anderes übrig, als die Tiere beim Fressen anzubinden.

Störfaktor Mensch

Jedes Kommen und Gehen eines Pferdes auf der Weide ist ein Störfaktor für die Herde. Es ist oft gar nicht einfach, ein einzelnes Pferd von den Weidegefährten wegzudirigieren. Vielleicht läßt es sich ungern einfangen, und die Gefährten drängeln mit zu Zaun und Tor. Mit einem Pferd an der Hand ein Weidetor zu öffnen und wieder zu schließen, ohne mehr als ein einziges Pferd hindurchzulassen, erfordert viel Geschicklichkeit. Erst wenn solche Abläufe durch stete Gewohnheit zum Ritual geworden sind, funktionieren sie reibungslos.

Die Gruppen-Auslaufhaltung für Pferde, zu Recht als artgerechteste Form der Haltung propagiert, hat hier ihre schwierige Kehrseite. Wenn Pferde jeweils individuell zu unterschiedlichen Zeiten bewegt werden, ist der Mensch ein immer wieder auftretender Störfaktor für die Herde. Für die üblichen Abläufe in größeren Reitställen und Reitervereinen ist diese Haltungsform daher nur bedingt geeignet.

Vorsicht ist auch bei der Weidehaltung von Leistungspferden geboten. Kraftfutter und intensives Training machen diese Tiere ausgesprochen stark und bewegungsfreudig. Sie beschäftigen sich auf der Weide nicht vorrangig mit der Nahrungsaufnahme, sondern sind stets zu Sport und Spiel aufgelegt. Weidehaltung solcher Pferde erfordert Fingerspitzengefühl; dennoch hat es sich auch als äußerst entspannend für die Psyche von Hochleistungspferden erwiesen, ihnen wenigstens stundenweise eine naturnahe Haltung zu ermöglichen.

Zur Weide – Eile mit Weile

Pferde, die auf die Weide geführt werden, haben es gelegentlich recht eilig: Vorfreude, Bewegungsdrang, ein Ventil für das lange Stehen in der Box, spielerischer Übermut – die große Freiheit Weide lockt.

Wer seinem Pferd erlaubt, zur Weide hinzueilen, gar anzutraben oder direkt nach dem Tor loszutoben, wird diese mangelnde Disziplin in kürzester Zeit bereuen. Unter Garantie versucht das Pferd am nächsten Tag schon ein paar Meter vor dem Tor seinen Blitzstart. Keilt es dabei auch noch vergnüglich aus, hat der Führer kaum noch Zeit zu überlegen, ob er eine ausreichende Unfallversicherung abgeschlossen hat.

Man muß als Pferdehalter selbst eiserne Disziplin wahren, um solche höchst gefährlichen Attacken zu verhindern. Ne-

»Haaalt, du blödes Vieh! Das mit dem Antraben war doch bloß Spaß!«

Vorsicht, Mißverständnis!

Ein Mädchen bringt sein Pflegepferd, das einen Tag gestanden hat, wie gewohnt auf die Koppel und verpaßt ihm zum Abschied mit dem Halfter einen spielerischen Klaps auf die Kruppe. Die Stute feuert daraufhin mit beiden Hinterbeinen aus und trifft das Mädchen im Gesicht.

ben einer sicheren Kontrolle über das Tempo, in dem geführt wird (s. S. 39–42) bietet ein immer gleiches Ritual beim Loslassen auf der Weide die beste Garantie für Sicherheit.

In jedem Fall hält man ein Pferd so lange an der Hand, bis das Weidetor wieder geschlossen ist. Es bleibt besser stehen, wenn man es ein Stück in die Weide hineinführt und dann den Kopf wieder Richtung Stall dreht – wo es diesmal ausnahmsweise nicht gern hin möchte. Man löst vorsichtig Strick oder Halfter und zieht sich, das Pferd im Blick, Richtung Tor zurück.

Bei stallmütigen Pferden muß man immer damit rechnen, daß sie vom Fleck weg lostoben. Ein Klaps auf die Kruppe, den sie in anderer Situation sehr wohl dulden, kann wie in unserem **Fallbeispiel** (S. 34) als Aufforderung zum spielerischen Streit mißverstanden werden. Pferde ahnen in der Regel nicht, wie wirksam, ja verhängnisvoll ihre Waffen gegenüber Menschen sein können.

Falls ein Pferd auf der Weide ein Halfter trägt, sollte es zweckmäßigerweise eng anliegen und nicht besonders reißfest sein. Wenn ein Pferd mit dem Halfter irgendwo hängenbleibt und sich starr festgehalten fühlt, liegt die Gefahr einer Panik nahe. Außerdem können sich Pferde, insbesondere Fohlen, mit den Hinterbei-

nen am Kopf kratzen; geraten sie dabei ins Halfter, so ist ein Unfall vorprogrammiert.

Wenn Pferde längere Zeit ohne Aufsicht sich selbst überlassen sind, sollte man ihnen das Halfter abnehmen. Allerdings ist in diesem Fall das Wiedereinfangen schwieriger, auch für den hoffentlich höchst seltenen Fall, daß die Tiere von der Weide ausbrechen.

Fluchtdistanz – kritische Distanz

Wildlebende Pferde haben einen sechsten Sinn dafür entwickelt, einen Sicherheitsabstand zwischen sich und drohenden

Oben:
Freundlich, aufmerksam und zugewandt ist der Blick des Fliegenschimmels (links). Der Schimmel in der Bildmitte (rechts) ist dagegen noch nicht sicher, wie er die Annäherungen von beiden Seiten einzustufen hat. Von rechts wird ihm Nasenkontakt angeboten, der linke Ankömmling schnuppert schon weiter Richtung Genitalregion.
Unten:
Vorwärts oder rückwärts – das ist hier die Frage. Mimik und Körperhaltung des Pferdes sind durchaus ambivalent. Immerhin duldet das Pferd die Berührung mit der Hand, den probaten Ersatz für das Ritual des Nasenkontaktes.

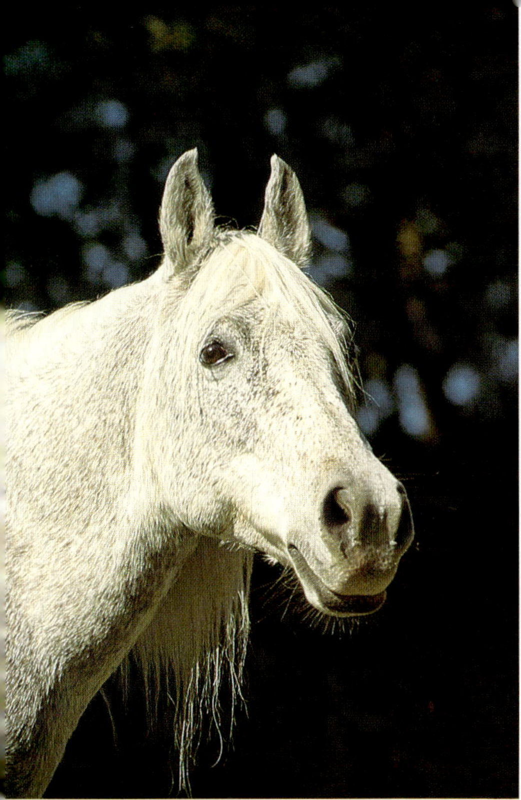
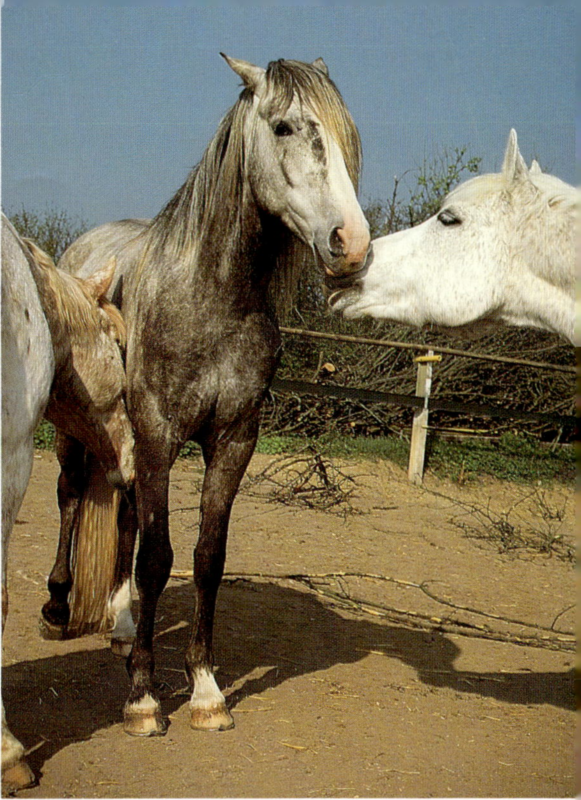
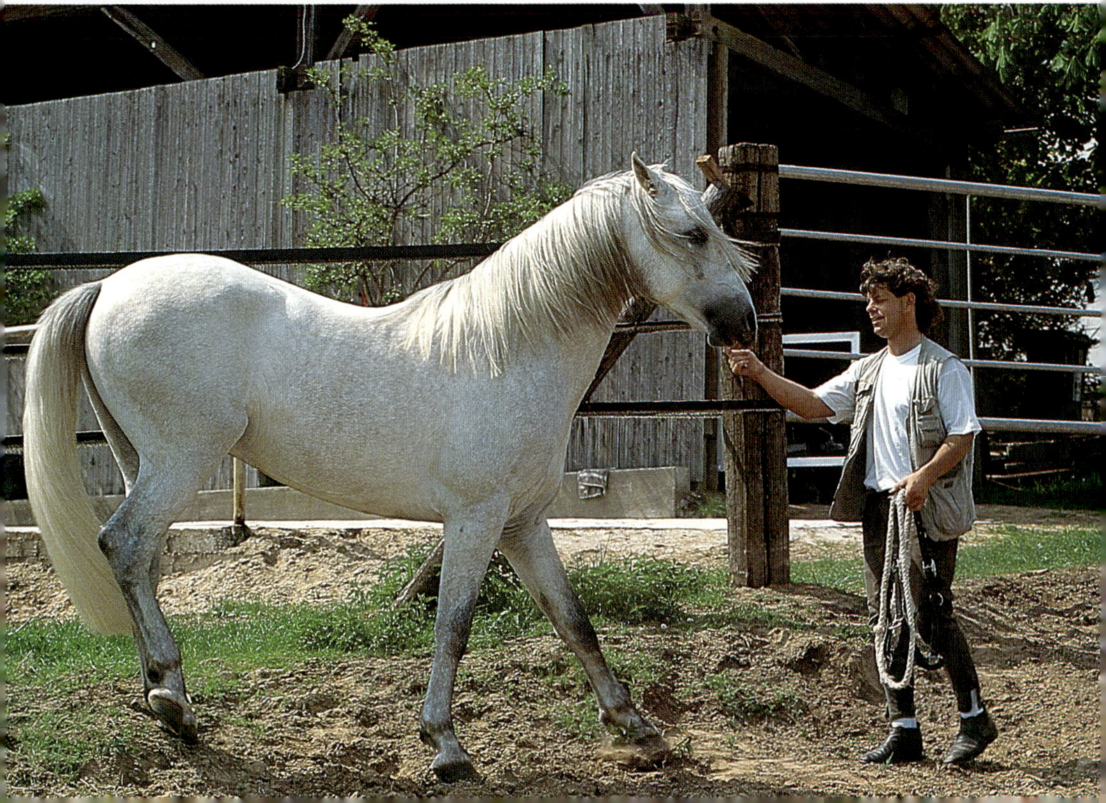

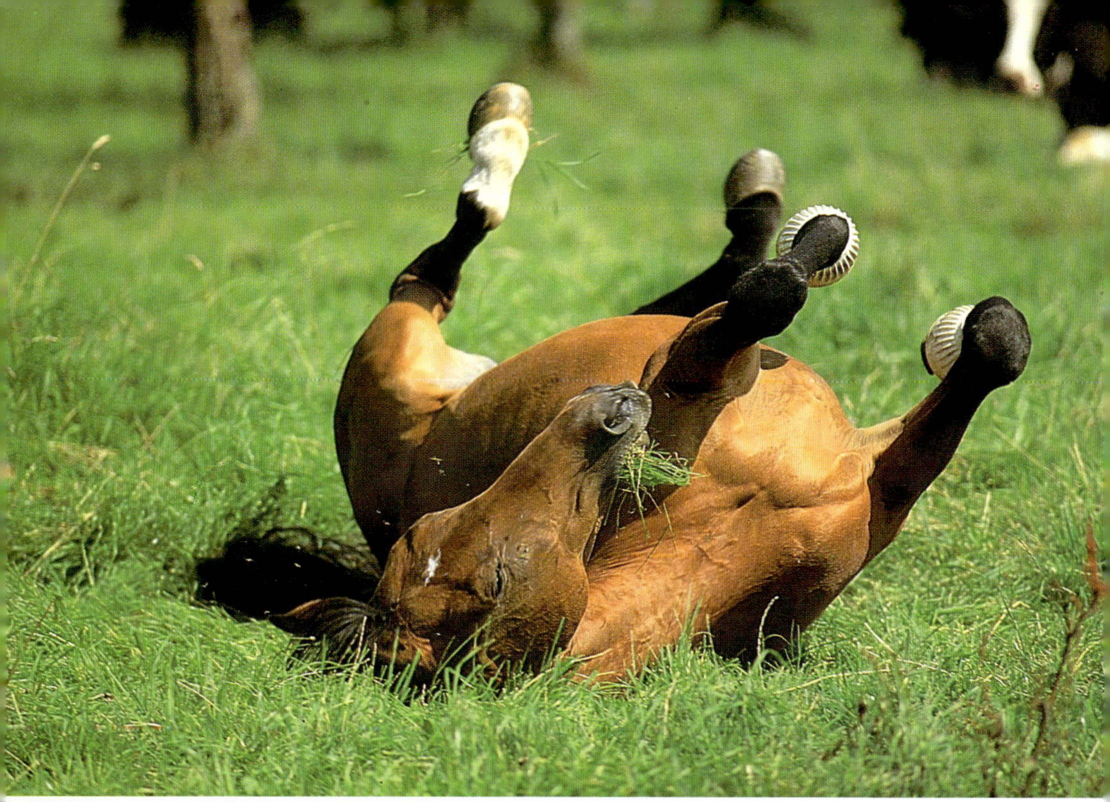

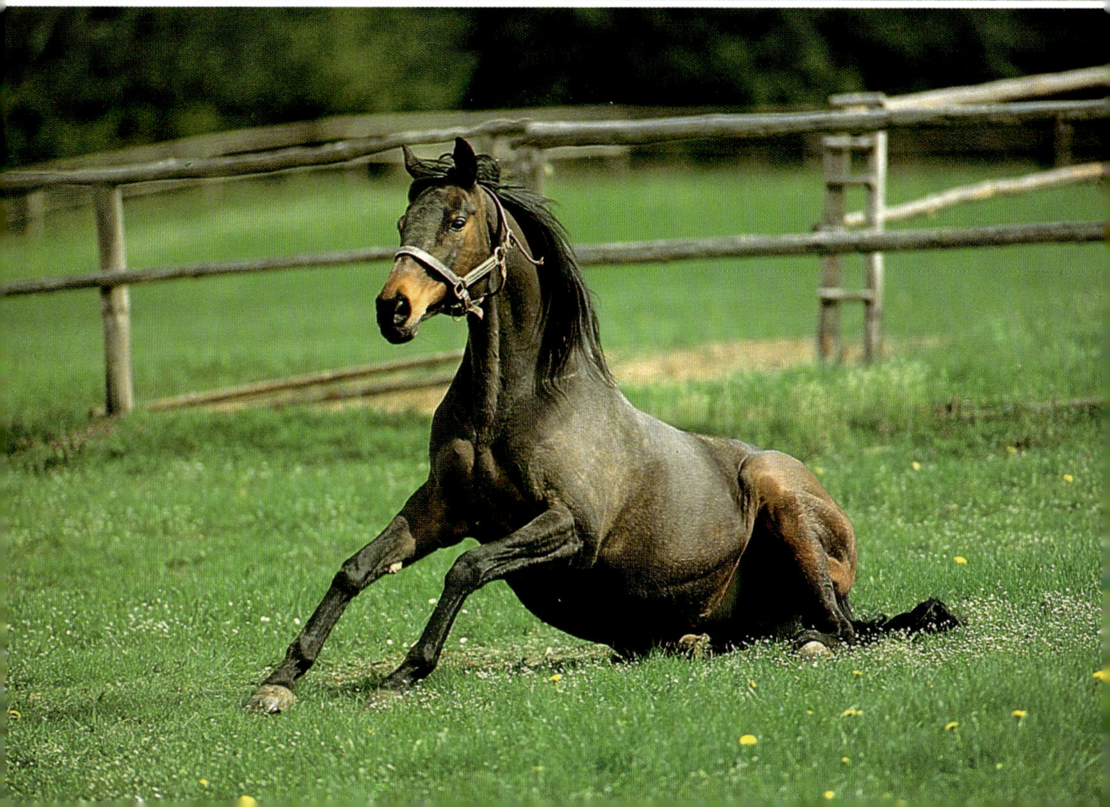

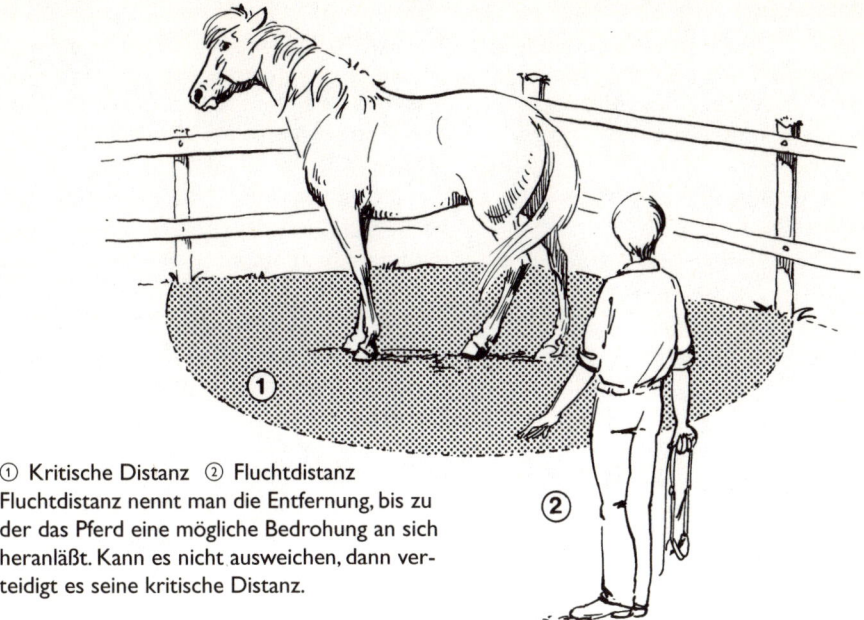

① Kritische Distanz ② Fluchtdistanz
Fluchtdistanz nennt man die Entfernung, bis zu
der das Pferd eine mögliche Bedrohung an sich
heranläßt. Kann es nicht ausweichen, dann verteidigt es seine kritische Distanz.

Gefahren zu halten. Es wäre selbst für ein Fluchttier ein höchst unnötiger Energieverbrauch, wenn es bei der geringsten Irritation in vollem Tempo davongaloppieren würde. In vielen Fällen reicht ein Sicherheitsabstand: die *Fluchtdistanz*. Es ist der – je nach Pferd und Situation höchst unterschiedliche – Abstand, den ein Pferd wählt, um rechtzeitig flüchten zu können.

Bei Weidepferden kann man das Spiel mit der Fluchtdistanz gelegentlich beobachten – als Betroffener tut man gut dar-

Pferde wälzen sich genüßlich auf vielerlei Untergrund, um ihr Fell zu trocknen, zu glätten, aufzurauhen, anzufeuchten, sich zu kratzen oder sich mit einer Imprägnierschicht gegen Insektenstiche zu versehen. Für das Hinlegen wie für das Aufstehen gilt die Regel: mit den Vorderbeinen zuerst!

an, seine Wut herunterzuschlucken. Schließlich ist es eine erbitternde, gleichzeitig natürlich lächerliche Situation, auf der Weide ein Schrittrennen mit einem Pferd zu veranstalten, das darauf bedacht ist, seine Fluchtdistanz zu wahren.

Manchmal verwildern Fohlen, die den Sommer über Tag und Nacht auf der Weide leben, obwohl sie in den ersten Monaten ihres Lebens guten Kontakt mit Menschen hatten. Sie lassen sich nicht mehr berühren.

An solchen Verhaltensweisen kann man ablesen, wie wenig selbstverständlich es für ein Fluchttier ist, ein anderes Lebewesen beständig in seiner unmittelbaren Nähe zu dulden, ohne sich in die Fluchtdistanz retten zu können, wenn ihm danach zumute ist. Wenn es gar eingesperrt, in die Ecke gedrängt, vom Zaun behindert, festgehalten oder angebunden ist, kann es seinem Fluchtinstinkt nicht mehr folgen. Jetzt heißt es kämpfen – gegen jede Bedrohung, die ihm zu nahe kommt. Den individuellen Schutzraum eines Pferdes, das nicht mehr fliehen kann, nennt man *kritische Distanz* oder *Individualdistanz.*

Pferdeleute haben sich angewöhnt, diese kritische Distanz weitestgehend zu ignorieren, da die allermeisten Reitpferde mit Menschennähe sehr vertraut sind. Dennoch gibt es gelegentlich selbstbewußte Pferde, die das Unterschreiten ihrer kritischen Distanz jedes Mal mit einem blitzschnellen drohenden Ohrenanlegen quittieren.

Der Fänger auf der Weide

Pferde fühlen sich auf der Weide wohl – so wohl, daß sie das Leben in Freiheit der Gesellschaft des Menschen gelegentlich vorziehen. Manche Pferde lassen sich nur ungern und unter Schwierigkeiten auf der Weide einfangen – erst recht, wenn sie das Gefühl haben, in Sachen Weidegang noch zu kurz gekommen zu sein.

Wenn Pferde viele Stunden draußen verbringen, kommen sie oft freiwillig und gern wieder in den Stall, zumal wenn Kraftfutter lockt. Im Sommer bietet der Stall Schutz vor allzuviel Sonne und Insekten, in der kalten Jahreszeit vor Wind und Nässe – auch das wissen Pferde zu schätzen. Das Einfangen bereitet in der Regel keinerlei Schwierigkeiten, wenn ihnen ein artgerechter Tagesablauf geboten werden kann.

Ein Pferd wird allerdings kaum einsehen, daß es nach einer halben Stunde Freiheit wieder in den Stall soll, weil sein Mensch anders keine Zeit hat, die Weide nur kurzfristig zur Verfügung steht oder ähnlich »pferdeabwegige« Gründe dafür sprechen. Wer ein Pferd mitten im schönsten Grasen stört, wird auch beim freundlichsten Vierbeiner nicht unbedingt auf Gegenliebe stoßen. Hat es zudem gelernt, daß das Auftauchen eines Menschen nicht Futterzeit, sondern Arbeit und sogar Streß bedeutet, sinnt es je nach Charakter und Temperament auf Gegenwehr. Gegen ein Pferd, das sich auf der Weide nicht einfangen lassen will, hat ein Zweibeiner schlechte Karten.

Wer auf der Weide hinter einem unwilligen Pferd herläuft, sollte vorsichtshalber für die nächsten Stunden alle weiteren Termine absagen. Das Fluchtdistanz-Spiel halten Pferde stundenlang durch! Es ist wenig sinnvoll, auf ein Pferd zuzugehen, das nicht von selbst auf einen zukommt oder wenigstens stehenbleibt. Manchmal kann es helfen, Halfter und Strick nicht sichtbar vor sich her, sondern verborgen hinter dem Rücken zu tragen.

Das beste Lockmittel ist ein Futtereimer. Einem Leckerbissen können Pferde einfach nicht widerstehen. Ihr Instinkt rät ihnen, ein besonderes Futterangebot nicht auszuschlagen – schließlich müssen sich wildlebende Pferde nahezu den ganzen Tag mit Nahrungsaufnahme beschäftigen, wenn sie satt werden wollen. Man sollte nicht von vorn, sondern schräg seitlich auf das Pferd zugehen. Zum Aufhaltern stellt man sich in die korrekte Position links vom Pferdekopf. Weicht das Pferd vor dem Halfter aus, so hilft ein Trick. Ein hinter die Ohren gelegter Strick reicht, um dem Pferd das Gefühl zu vermitteln, festgehalten zu werden. Hat es in Ruhe gelernt, diese Situation zu respektieren, dann ist der Bann gebrochen. Es wird sich anschließend auch aufhalftern lassen.

Wer Pferde von der Weide holt, muß strikt vermeiden, ein einzelnes Pferd allein zurückzulassen. Selbst wenn dieses Pferd gewöhnt ist, allein zu bleiben – der Herdentrieb kann plötzlich wieder aufbrechen, wenn ein einzelnes Pferd die Gefährten in Richtung Stall davonziehen sieht. Das gilt selbst für Pferde, die gar nicht auf derselben Weide stehen, sondern nur Sichtkontakt haben, wie in unserem **Fallbeispiel** (S. 39). Der Wallach hatte von seiner Weide aus Pferde eines benachbarten Betriebes mit Pferdehaltung gesehen, die in den Stall zurückgebracht wurden.

Selbst wenn sie nur symbolisch festgehalten werden, fühlen sich die meisten Pferde unter der Kontrolle der Menschen.

Richtig führen – gewußt wie

Pferde lassen sich Tag für Tag willig überall dahin führen, wohin es ihrem Betreuer einfällt: vom Stall auf die Weide und wieder zurück, aus der Box zum Putzplatz und wieder zurück, auf den Außenplatz, zum Abspritzen, vielleicht sogar in den Hänger. Dabei gerät gelegentlich in Vergessenheit, wieviel Zentner Lebendgewicht, welche Krafthebel und Muskelmasse ein Pferd für seinen Widerstand einsetzen kann, falls es einmal nicht dahin möchte, wohin es geführt wird.

Wenn der Herdentrieb ausbricht ...

Eine Studentin bringt ihren vierjährigen, temperamentvollen Wallach in einem Reitstall unter, in dem für jedes Pferd ein abgetrenntes, separates Stück Weide zur Verfügung steht. Da sie Frühaufsteherin ist, kommt ihr Pferd oft morgens als einziges auf die Koppel. Der Wallach scheint diese Situation gut zu tolerieren. Eines Tages allerdings findet die Besitzerin, als sie ihr Pferd zur gewohnten Zeit wieder in den Stall bringen will, zu ihrer Bestürzung ein schweißnasses, völlig verstörtes Tier vor. Am nächsten Tag stellt sich zusätzlich eine Sehnenverletzung heraus.

Acht bis zwölf Zentner Durchschnitts-
gewicht eines Pferdes entsprechen bis zu
sieben Erwachsenen. Selbst ein kleines
Shetlandpony bringt 200 Kilogramm
höchst effektiv organisierte Masse mit ins
ungleiche Spiel. Im Ziehkampf Pferd gegen Mensch ist der Ausgang vorprogrammiert, und die Sieger haben immer vier
Beine.

Da kann es eigentlich nur erstaunen,
wie konfliktfrei das Führen im Regelfall
funktioniert. Fohlen laufen in den ersten
Lebenswochen und -monaten dicht neben ihren Müttern her. Wenn es früh genug gelingt, dieses Verhalten auf den
Menschen als dominantes »Herdentier«
zu übertragen, wird ein Pferd nicht ausprobieren, wie stark es wirklich ist. Nur
auf dieser Basis funktioniert die Kontrolle
über ein geführtes Pferd.

Sich führen zu lassen ist bei der Fohlenerziehung unverzichtbar. Hat ein
Pferd erst einmal gelernt, daß ein Mensch
im Zweifelsfall losläßt, stellt es immer
eine potentielle Gefahrenquelle dar.

Auch bei gehorsamen Pferden ist Aufmerksamkeit angebracht. Wer den Pferdekopf stets im Blick hat, wird am Ohrenspiel, am Blick, an der veränderten
Körperhaltung oder der Störung im Be-
wegungsrhythmus rechtzeitig ablesen
können, wann das Pferd irritiert ist.

Aber auch der aufmerksamste Führer
kann die Kontrolle über ein Pferd verlieren. Die Fluchtreaktion wird unter Umständen in Sekundenbruchteilen ohne
Vorwarnung eingeleitet – auch eine
schnelle menschliche Reaktion setzt dann
viel zu spät ein. Deswegen lautet eine der
Grundregeln der Unfallverhütung beim

Gefahrenquelle »Führen«!

An der Universität Homburg/Saar
wurden in einer groß angelegten Stu-
die weit über 700 Reitunfälle auf ihre
Auswirkungen und Ursachen hin un-
tersucht. Zwei Unfälle mit tödlichem
Ausgang sind dokumentiert; beide
passierten nicht beim Reiten, sondern
beim Umgang mit dem Pferd. In einem Fall wurde ein Junge, der ein
Pferd zur Schmiede führen wollte, von
dem panisch durchgehenden Tier eine
weite Strecke mitgeschleift.

Links: Führen mit dem Strick – die Hand am Halter gibt zusätzliche Sicherheit.

Führen: Der Führende muß im Zweifelsfall loslassen können! Er darf sich niemals Zügel, Longe oder Strick um die Hand wickeln, was in unserem **Fallbeispiel** (S. 40) zu einem so schrecklichen Unfall geführt hat.

Der sicherste Platz beim Führen befindet sich links, dicht neben der Pferdeschulter. Aus dieser Ausgangsposition heraus ist es einem Erwachsenen möglich, das Pferd mit der rechten Hand dicht am Kopf – am Strick oder, mit mehr Nachdruck, direkt

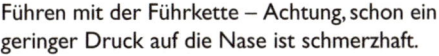

Führen an der Trense – zwei Finger zwischen den Zügeln verhindern das seitliche Klemmen der Gebißringe.

Führen mit der Führkette – Achtung, schon ein geringer Druck auf die Nase ist schmerzhaft.

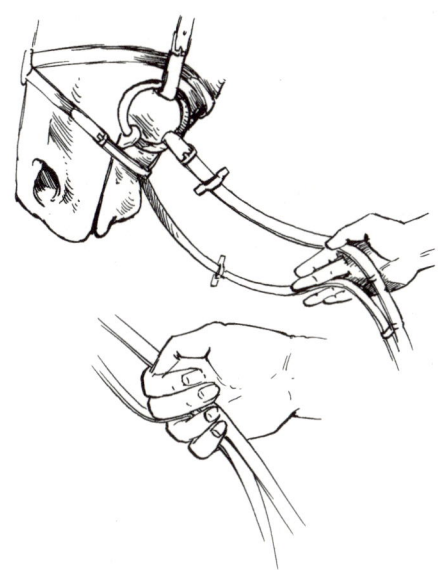

am Halfter oder an den Zügeln – mit leicht gebeugtem Arm – zu sichern. Der Arm hat dann noch Spielraum, um der Pferdebewegung folgen zu können. Trotzdem sollte man aus Sicherheitsgründen nie mit dem blanken Halfter führen, sondern stets einen Strick oder eine Führkette anbringen (Vorsicht: scharf!). Das lose Zügel- oder Strickende ist am besten in der linken Hand aufgehoben.

An der Trense läßt sich ein Pferd zuverlässiger führen als am Halfter. Die Gebißwirkung läßt sich im Notfall auch dadurch simulieren, daß man Strick oder Führkette durch das Pferdemaul führt. Aber diese wenig pferdemaulfreundliche Maßnahme ist nur in akuten Notwehrsituationen angebracht. Im Zweifelsfall

Führen mit erhobener linker Hand – eine praktikable optische Bremshilfe, wenn ein Pferd stürmt.

sollte man die Mühe des Auftrensens nicht scheuen!

Wer ein Pferd an der Hand zur Ordnung rufen will, kann höchstens durch einen rechtzeitigen scharfen Ruck, nicht aber durch Dauerzug am Zügel oder Strick etwas ausrichten. Bei aufsässigen, dickfelligen oder übermütigen Pferden kann man sich auch mit einer Führkette Respekt verschaffen. Der Druck auf die Nase ist ein wirksames, für das Pferd schnell schmerzhaftes Argument. Die einfachste »Bremshilfe« allerdings ist die erhobene, vor die Pferdeaugen geführte linke Hand. Dieses optische Signal – »bis hierher und nicht weiter« – wird erstaunlich gut respektiert.

Führen stellt die Vertrauensfrage zwischen Pferd und Mensch. In England, wo das allgemeine Know-how im Umgang mit Pferden viel weiter verbreitet ist als hierzulande, wird auf das Training des Führens ganz besonderen Wert gelegt. Wie sicher sich Pferde führen lassen, kann man beim Handgrasen beobachten. Der Versuch, ein Pferd sozusagen am halblangen Strick zu dirigieren, während es fressen darf, ist die Nagelprobe für den zuverlässigen Kontakt zum Menschen.

Der Stall – Zuflucht oder Gefängnis

Aus Pferdesicht sind Ställe entbehrlich. Schutz vor scharfem Wind und heftigem Regen, vor praller Sonne und aufdringlichen Insekten wissen sie zu schätzen. Ein trockener Liegeplatz, ständiges Wasserangebot und regelmäßige Fütterung sind ein Luxus, den sie gern in Anspruch nehmen. Aber rundum feste Mauern und verschlossene Türen sind für ein Fluchttier nicht gerade ein artgerechtes Quartier. Es spricht für ihre überragende An-passungsfähigkeit, aber keinesfalls gegen ihre Bedürfnisse, daß sich domestizierte Pferde seit Jahrhunderten an die Stallhaltung gewöhnt haben.

Aus Menschensicht sind Ställe unentbehrlich. Aber es ist durchaus möglich, Ställe so zu gestalten, daß sie den artspezifischen Verhaltensweisen von Pferden möglichst gut entsprechen. Bei vielen Abläufen im Stall lassen sich ebenfalls natürliche Bedürfnisse respektieren.

Bei einer Umfrage sprach sich die Mehrheit der Pferde für stets geöffnete Boxentüren, aber regelmäßige Fütterung aus.

Gruppen-Auslaufhaltung

Ideal für sogenannte Freizeitpferde, also Tiere, die nicht im Leistungssport eingesetzt werden, ist die Gruppen-Auslaufhaltung. Bei dieser Haltungsform gibt es keine geschlossenen Stalltüren. Die Pferde können den Auslauf benutzen, wann immer sie wollen. Der gemeinschaftliche Offenstall hat keine separaten Boxen.

Wenn die grundsätzliche Verträglichkeit der Pferde gewährleistet und die Rangordnung erst einmal abgeklärt ist, bietet diese Haltungsform ein Maximum an artgerechter Unterbringung, und die Tiere danken es durch Gesundheit und Ausgeglichenheit.

Problematisch bei dieser Haltungsform sind individuelle Fütterung, individuelle Bewegung und häufiger Wechsel in der Zusammensetzung der vierbeinigen Stallgemeinschaft. Aber auch dort, wo plausible Gründe gegen die Gruppen-Auslaufhaltung sprechen, gibt es kein überzeugendes Argument dafür, Pferde 23 Stunden am Tag einzusperren.

Die Box – Lauftier im Käfig

Die separate Box, für Reitpferde nach wie vor Haltungsform Nummer Eins, ist für das Fluchttier Zufluchtsort und Käfig zugleich. Es liegt auf der Hand, daß für ein hochspezialisiertes Lauftier dieser Käfig nie zu groß sein kann – aber oft zu klein. Eine Faustregel für die Bemessung der nötigen Boxengröße lautet »doppelte Widerristhöhe im Quadrat«. Bei einem Pferd von 1,65 Meter Stockmaß bedeutet das eine Fläche von annähernd elf Quadratmetern. Wer ein Lauftier in einem solchen Käfig einsperrt, muß für adäquaten Ausgleich sorgen.

Neben der täglichen »Arbeit« für ein Reitpferd sichern ruhige Bewegung an der frischen Luft und in Pferdegesellschaft sein physisches und psychisches Wohlbefinden. Weidegang, Aufenthalt im Paddock, ruhiges Spazierenschlendern im Gelände sind mögliche Ausgleichselemente für die Boxenhaltung.

In manchen Zucht- oder Ausbildungsställen, besonders im Rennsport, wird die vertraute Umgebung der Box ausgenutzt, um die Pferde mit allen Neuerungen vertraut zu machen. Sie werden in der Box geputzt und abgewaschen; in der Box wird beschlagen, gesattelt, aufgetrenst und sogar das erste Mal aufgesessen.

Die Arbeit mit dem unerfahrenen Pferd in der Box kann gutgehen, weil es dort im Regelfall sehr zutraulich ist und an nichts Böses denkt – und kann ins Auge gehen, wenn ein Fluchttier in Panik gerät. Das erste Anlegen des Sattelgurtes – wie in unserem **Fallbeispiel** (S. 45 oben) – und das erste Aufsitzen in der Box können zu Schreckreaktionen führen, die den Reiter erheblich in Gefahr bringen. Im Zweifelsfall kann er sich dann nicht schnell genug aus der kritischen Distanz des Pferdes entfernen.

Eine Box sollte auf keinen Fall ihren Charakter als Zufluchtsort und Ruheplatz für ein Pferd verlieren.

Es gibt ehrgeizige Züchter und Auktionsleiter, die ihren hoffnungsvollen vierbeinigen Nachwuchs mit erhobener Gerte in der Hand jedesmal an die hintere Boxenwand scheuchen, damit sie sich für einen Besucher besser präsentieren. Auch in unserem **Fallbeispiel** (S. 45 unten)

In der Box – gefährliche Enge

Ein Züchter, der seine Pferde auch selbst anreitet, hat keinen zuverlässigen Helfer zur Verfügung. Er macht es sich zur Regel, die jungen Pferde in der Box mit dem Anlegen des Sattelzeugs vertraut zu machen. Als er einem empfindlichen Dreijährigen zum ersten Mal einen Deckengurt auflegt und ihn locker schließt, steigt das Pferd. Der Gurt rutscht zurück um die Leibesmitte, und das Pferd fängt panisch an zu toben. Der Züchter, der die Box nicht schnell genug verlassen kann, handelt sich neben äußerlichen Verletzungen mehrere Rippenbrüche ein.

war diese sozusagen verkaufsfreundliche Aufstellung Teil der Auktionsvorbereitung gewesen. Unter Umständen wird so ein Pferd sein Leben lang wie elektrisiert furchtsam in der Box strammstehen, wenn sein Reiter die Tür öffnet. Und welcher Reiter wünscht sich schon ein Pferd, das ihm nicht freundliche Gelassenheit, sondern stets ängstliche Erregung entgegenbringt?

Die ideale Box

Die wichtigsten Ansprüche eines Pferdes an seine Unterbringung sind:

- Platz,
- Licht,
- Luft,
- Kontakt zu Artgenossen.

Je besser diese Kriterien erfüllt sind, desto artgerechter ist die Box. Während die Bedeutung einer genügend großen, gut belüfteten und mit einer passenden Einstreu versehenen Box sich in Reiterkreisen weitgehend herumgesprochen hat, ist es mit dem Angebot an »Licht« oft sehr schlecht bestellt. Dabei sind Pferde in vielen biologischen Mechanismen vom Licht abhängig, zum Beispiel beim Fellwechsel vom Winter- zum Sommerhaar und umgekehrt.

Ideal aus Pferdesicht ist eine Außenbox, aus der es herausschauen und seine Umgebung beobachten kann. Schließlich verfügt es über eine ausgesprochen scharfe Sinneswahrnehmung, die viel zu selten gefordert wird. Pferde, die an ihrer Umgebung aufmerksam teilnehmen können, sind weniger schreckhaft und seltener an-

»Verkaufsfreundliche« Präsentation

Ein wohlhabender Vater kauft für seine jugendliche Tochter ein vielversprechendes Auktionspferd. Die junge Reiterin betritt die Box, um mit dem neuen Pferd Kontakt aufzunehmen. Kaum hat sie die Boxentür geöffnet, stellt sich das Pferd an der hinteren Boxenwand zitternd auf. Weder mit Hilfe ihrer Stimme noch mit Lockfutter gelingt es der Reiterin, dem Pferd dieses »militärische« Strammstehen abzugewöhnen.

fällig für Unarten und gesundheitsschädigende Übersprungshandlungen wie Koppen oder Weben.

Für die Verarbeitung von Umweltreizen ist es wichtig, Pferden regelmäßig einen Aufenthalt in einem Paddock anzubieten. Wenn die Tiere genügend sonstige Bewegung haben, kann dieser Auslauf ruhig mit einem befestigten Untergrund ausgestattet sein. Dann ist er auch im Winterhalbjahr brauchbar. Angst um die Pferdebeine braucht man nicht zu haben: Pferde mit ausreichendem, ausgeglichenem Bewegungsangebot toben nicht grundlos herum.

Pferde als Herdentiere brauchen ständigen Sozialkontakt zu Artgenossen, um sich wohl zu fühlen. Boxen sollten diesem Bedürfnis, so weit es geht, Rechnung tragen. Für hochgemauerte Zwischenwände zwischen zwei Pferdeboxen gibt es kein Argument.
    Pferde beschnuppern auch durch Gitterstäbe ihre Nachbarn, nehmen Begrüßungsrituale vor oder dösen sozusagen Seite an Seite. Ohne ständigen Kontakt mit Artgenossen fühlen sie sich nicht wohl. Wie stark der Herdentrieb in einer solchen Situation ausbrechen kann, belegt das **Fallbeispiel** (S. 46). Am Ende einer Reitstunde auf dem Außenplatz waren sämtliche teilnehmenden Pferde an der Box des Trakehners vorbei in ihre Ställe geführt worden.

Fressen, schlafen, fressen …

Geht man von den natürlichen Verhaltensweisen eines Pferdes aus, so ergeben sich einige handfeste Hinweise dafür, wie eine ideale Box aus Pferdesicht aussehen soll.
    Freiwillig legt ein Pferd sich nicht in seinen Mist. Wenn Boxen groß genug sind, kann man erleben, daß Pferde wie auf der Weide Schlafplatz und Kotablageplatz trennen. Das Misten in solchen Boxen gestaltet sich natürlich viel einfacher – größere Boxen sind durchaus nicht unbedingt teurer und arbeitsaufwendiger sauberzuhalten!
    Pferde bevorzugen eine trockene Unterlage als Ruheplatz. Sie legen sich, insbesondere tagsüber, nur hin, wenn sie sich wohl und sicher fühlen.
    Es kann vorkommen, daß Pferde sich überhaupt nicht hinlegen, wenn ihnen der Untergrund nicht behagt, wie in unserem **Fallbeispiel** (S. 47). Wenn nicht täglich ausgemistet wird, sollte zumindest genügend frische Einstreu vorhanden sein!

Herdentrieb im Stall

Ein hochsensibler Trakehnerwallach kommt in einen neuen Stall und wird in einer Außenbox untergebracht. Er kann von seinem neuen Quartier aus zwar die gesamten Außenanlagen überblicken, hat aber nur zu einem einzigen Pferdenachbarn direkten Sichtkontakt. Dieses Pferd ist gerade auf einem Turnier. Nach anfänglicher Aufregung beruhigt sich der Trakehner und beginnt zu fressen. Eine halbe Stunde später versucht er, aus der Box zu springen und bleibt an der Metalloberkante der Tür hängen.

Frische Einstreu ist Pflicht!

In einem Reiterverein herrscht anhaltender Personalmangel. Der Vorstand beschließt, daß die Boxen künftig nur noch alle zwei Tage gemistet werden. Da gleichzeitig Strohmangel herrscht, ist in den Boxen rasch kein trockener Halm mehr zu finden. Eine junge Studentin in Finanznöten bringt ihr recht großes Pferd in einer preiswerten kleinen Box von nur 3 mal 3 Metern unter. Nach einiger Zeit stellt sie anhand des verklebten Felles fest, daß sich der Wallach jede zweite Nacht nicht mehr zum Schlafen hinlegt.

Wenn Pferde ihre Einstreu selbst wählen könnten, würden sie sich wahrscheinlich mit überragender Mehrheit für Stroh entscheiden. Der Grund liegt nahe: Eine Unterlage, die zugleich freßbar ist, kommt ihrem Instinkt zu beständiger Nahrungsaufnahme entgegen. Das Knabbern im Stroh, die beständige Suche nach einem verwertbaren Hälmchen bietet dem eingesperrten Tier Beschäftigungsanreiz. Wenn dieser fehlt, verschaffen sich Pferde gelegentlich Beschäftigungen, die ihren Besitzern weniger behagen.

Allerdings sind bei der Wahl der Einstreu heutzutage viele verschiedene Faktoren zu berücksichtigen:

- Gesundheitsaspekte,
- Arbeitsaufwand,
- Entsorgung,
- Preis.

Falls Pferde nicht auf Stroh stehen können, sollte man dafür sorgen, daß ihnen trotzdem ein regelmäßiges »Knabberangebot« zur Verfügung steht.

Wälzen in der Box

Wälzen gehört zur natürlichen Fellpflege. Da es in vielen Reithallen leider verpönt ist, daß sich die Pferde nach dem Reiten wälzen dürfen, bleibt den Tieren nur noch die Box. Sie wälzen sich regelmäßig und genüßlich – nicht nur, wenn sie geschwitzt haben, sondern auch, wenn ihnen beispielsweise eine frische Einstreu besonders verlockend erscheint. Für ein nasses Pferd ersetzt das Wälzen ein fehlendes Rubbelhandtuch. Im Prinzip kann es ein Reiter nur begrüßen, wenn ein Pferd selbständig dafür sorgt, daß es möglichst schnell abtrocknet. Aber Wälzen in der Box ist nicht ungefährlich.

Damit Pferde sich beim Wälzen nicht »festlegen«, also mit den Beinen so dicht an die Boxenwand geraten, daß sie aus eigener Kraft nicht aufstehen können, sollte die Einstreu immer muldenförmig mit erhöhtem Rand und nicht etwa wie ein Hügel angelegt werden.

Futter und Wasser – immer frisch

Pferde sind wählerisch in Sachen Futter. Ihnen eine neue Futtersorte, eine fremde Krippe oder gar ein Medikament schmackhaft zu machen, erfordert oft Geduld und Phantasie. Schimmlige Futterreste in einer Krippe sind gefährlich, Mäusedreck ist nicht nur eine Zumutung für den überaus feinen Geruchssinn, son-

Pferde stehen immer mit den Vorderbeinen zuerst auf. Sie brauchen dafür den nötigen Bewegungsspielraum.

dern auch ein bekannter Herd für Krankheitserreger. Futterkrippen müssen sauber sein!

Das gleiche gilt für die Tränkeeinrichtung. Pferde genießen es, bei Bedarf immer frisches Wasser zur Verfügung zu haben – obwohl sie es durchaus verkraften, ihren Durst in größeren Portionen zu löschen. Wenn Pferde von Hand mit dem Eimer getränkt werden, ist regelmäßiges Wasserangebot zu festgelegten Zeiten wichtig. Insbesondere nach der Rauhfuttergabe haben Pferde Durst. Ein Wasserangebot sollte mindestens viermal am Tag erfolgen, morgens vor dem Füttern und ansonsten jeweils etwa eine Stunde, nachdem die Pferde ihr Heu gefressen haben.

Selbsttränke oder Wassereimer müssen regelmäßig gesäubert werden. Die meisten Pferde weigern sich, verdrecktes Wasser zu saufen! Bei Aufregung, besonders in fremder Umgebung, verweigern viele Pferde die Wasseraufnahme. Sehr empfindlichen Tieren kann man die Umgewöhnung an ein neues Quartier (beispielsweise im Urlaub oder auf dem Turnier) beträchtlich erleichtern, wenn man ihnen den vertrauten Wassereimer von zu Hause mitbringt.

Die Wasserstelle in der Box sollte nicht in unmittelbarer Nähe der Futterkrippe oder des Platzes für die Heufütterung liegen. Pferde lernen allzuschnell, ihr Futter im Wasser einzuweichen: Sie tragen ihr Heubüschel zum Wasser und fressen es naß aus dem Eimer oder der Selbsttränke. Man braucht nicht viel Phantasie, um sich auszumalen, wie rasch auf diese Weise eine Überschwemmung in der Box entstehen kann.

AUF EINEN BLICK

Hilfe, mein Pferd hat sich festgelegt!

- Ein Fluchttier, das nicht mehr aufstehen kann, gerät schnell in panische Angst. Beruhigung ist das wichtigste Ziel.
- Droht dem Pferd unmittelbare (Selbst-)Verletzungsgefahr, kann man sich ihm auf den Hals setzen, um es an Aufstehversuchen zu hindern.
- Das Pferd muß in eine Lage gebracht werden, in der es seine Vorderbeine nach vorne ausstrecken kann. Dies kann auf zweierlei Weise geschehen: durch Rückwärtsziehen oder Drehen über den Rücken. Beides läßt sich nur mit Helfern bewerkstelligen.
- Mehrere kräftige Erwachsene können ein Pferd am Schweif ein kurzes Stück zurückziehen (Vorsicht: Wirbelsäulenverletzung!).

- In den meisten Fällen ist ein Drehen des Pferdes über den Rücken unvermeidlich. Dabei müssen Vorderbeine, Hinterbeine und Kopf des Pferdes annähernd gleichzeitig bewegt werden.
- Jeder Beteiligte muß damit rechnen, daß ein Pferd sofort aufzuspringen versucht, wenn es sich in der passenden Ausgangsposition dafür weiß. Kein Helfer darf dem Pferd dabei im Weg stehen, also keinesfalls direkt vor Kopf und Vorderbeinen.
- Nur im äußersten Notfall empfiehlt es sich, die Beine eines Pferdes vor dem Umdrehen zu fesseln. Die Gefahr einer Selbstverletzung des Pferdes ist groß, wenn es versucht, wieder aufzuspringen, bevor die Fesseln gelöst sind.

Vom Festliegen spricht man, wenn ein Pferd sich so in einer Ecke der Box verkeilt hat, daß es nicht mehr aufstehen kann.

Wenn Pferde das »Einweichen« erst einmal gelernt haben, gehen sie allerdings auch oft geduldig mit einem Maulvoll Heu von der Futterstelle zum Wasser und wieder zurück. Dagegen ist eigentlich nichts einzuwenden – im Gegenteil: In vielen Ställen wird das Heu sowieso vor dem Füttern eingeweicht. Eine beständige Überschwemmung in der Box kann allerdings die Einstreu zu naß werden lassen und die Gesundheit der Hufe gefährden.

Solche Angewohnheiten kann man als besorgter Pferdebesitzer nicht abstellen, genausowenig wie den Kotabsatz mancher Pferde in die Krippe oder Tränke. Eventuell vermindert ein verringerter Wasserdurchfluß der Tränke die Gefahr des Überlaufens beim Einweich-Spiel. Ansonsten hilft nur, die Selbsttränke abzustellen oder den ständig vorhandenen Wassereimer aus der Box zu entfernen.

Regelmäßig füttern

Uhrzeit und Ablauf der täglichen Fütterung sollten möglichst regelmäßig sein! Pferde sind mit einer höchst funktionstüchtigen »inneren Uhr« ausgestattet und lieben feste Gewohnheiten. Wird der übliche Fütterungszeitpunkt verpaßt, reagieren sie mit Unruhe und Mißmut. Zudem zeigt die Erfahrung, daß regelmäßige Fütterung besser anschlägt.

Generell schätzen es Pferde, möglichst viel Zeit mit dem Fressen zu verbringen – ganz wie in freier Wildbahn. Die Verteilung des Futters auf möglichst viele Mahlzeiten ist zwar ein personalintensiver Luxus, aber eine höchst pferdegerechte Entscheidung. Mehr als vier Mahlzeiten können es aus arbeitstechnischen Gründen kaum sein, zwei sind zu wenig!

Der stets gleichbleibende Ablauf der Fütterung erleichtert es den Tieren, sich

»Hundsmiserable Bedienung! Wenn das Essen in fünf Minuten nicht da ist, könnte ich glatt meine guten Manieren vergessen …«

auf die Futtergabe einzustellen, und läßt weniger Futterneid und Aufregung im Stall aufkommen. Die Reihenfolge der Futtergabe sollte immer gleich bleiben!

Schlechte Freßmanieren

Der größte Störfaktor für die Stallgemeinschaft ist das Austeilen von Kraftfutter. Pferde sind biologisch auf »Futterneid« programmiert. Das heißt, auf der Weide geht es der Rangordnung nach an die besten Futterstellen oder zum begehrten Wasser. Eifersucht entsteht potentiell bei jeder Fütterung. Die regelmäßige Kraftfuttergabe läßt bei manchen Pferden den Futterneid extrem hervorbrechen – sie bekämpfen sozusagen ihren Boxennachbarn, um sich selbst einen besseren Zugang zum besonderen Futter zu sichern.

Dieses Kämpfen kann durchaus spektakuläre Formen annehmen und erschöpft sich nicht in drohender Körperhaltung und Mimik. Futterneider springen auf ihre vierbeinigen Nachbarn zu, beißen heftig in die Trenngitter, keilen gegen die Wände und schlagen mit den Vorderbeinen gegen die Tür. Bei solchen Ersatzattacken ist die Gefahr der Selbstverletzung recht hoch, wie unser **Fallbeispiel** (S. 52) belegt.

Jeder Pferdehalter muß ein möglichst pferdegerechtes Ritual für die Futterverteilung finden. Es gehört zu den Grundregeln der Pferdeversorgung, daß alle Pferde in einem Stall zur gleichen Zeit gefüttert werden. Für die Gabe von Kraftfutter sollte das eine Regel ohne Ausnahme sein.

Stallgemeinschaften, in denen die Reiter als »Selbstversorger« ihrer Pferde auf

Futterneider attackieren Gitter und Wände, wenn der Nachbar unangreifbar ist.

Futterneid ist gefährlich!

In einem Pensionsstall wird eine Box frei. Der Neuzugang, eine zickige Araberstute, sorgt für Unruhe. Ein benachbarter Wallach kann sich mit der Damengesellschaft nicht abfinden und veranstaltet Scheinattacken. Besonders während der Fütterung keilt er hemmungslos gegen die Wand. Die besorgte Besitzerin stößt mit ihrem Wunsch nach Umstellen der Pferde zwar auf Verständnis, aber die praktische Umsetzung läßt auf sich warten. Bevor er noch ein anderes Quartier beziehen kann, zieht sich der Wallach beim unkontrollierten Herumtoben in der Box einen doppelten Griffelbeinbruch und eine Fesselträgerverletzung zu.

treten, sollten in diesem Punkt mit Rücksicht auf ihre Pferde gemeinschaftliche Futterzeiten organisieren.

Beim Füttern kann es vorkommen, daß Pferde auch einmal die bestehende Rangordnung gegenüber dem Menschen in Frage stellen. Sie versuchen, dem Menschen das Futter bereits im Eimer wegzuschnappen, ihn an die Wand zu drängen, ihm den Rückweg abzuschneiden. Wer solche Verhaltensweisen nicht im Keim erstickt, bringt sich selbst in Gefahr.

Mit lauter Stimme, energischem Schritt und deutlicher Gestik muß dem Pferd klargemacht werden, daß es zur Seite treten muß, sobald ein Mensch die Box betritt. Es hat auf jeden Fall abzuwarten, bis der Futtereimer in der Krippe ausgeleert ist.

Beim Herausgehen neben dem Pferd ist es sinnvoll, mit Körperkontakt – eine Hand streicht den Rücken entlang bis zur Kruppe – deutlich die eigene Position zu markieren. Wenn ein Pferd gelernt hat, den Menschen als Ranghöheren zu akzeptieren, wird es durch diese Berührung davon abgehalten zu keilen oder zu drängeln.

Da Futterneid ein Instinktverhalten ist, läßt er sich nicht abgewöhnen. Kindern kann man mit viel Mühe Tischmanieren beibringen – bei Pferden ist dieser Versuch aussichtslos. Pferde verteilen das Kraftfutter unter sich stets nach dem Recht des Stärkeren. Wenn der Pferdebesitzer andere Prioritäten setzen möchte, muß er selbst strikt dafür sorgen, daß diese eingehalten werden. Eine Reihe von

Pferde verfügen über eine variable, höchst ausdrucksvolle Mimik. Trotz der deutlichen Beißabsichten ist der Kontakt der beiden Shagya-Araberhengste nicht als ernsthafte Auseinandersetzung einzuschätzen. Auf dem oberen Bild wird eine Drohung der gefletschten Zähne mit Ausweichen und angelegten Ohren beantwortet. Im unteren Bild ist die Berührung durchaus ambivalent – sonst würde der Hengst links im Bild nicht zugleich genüßlich an seiner Zunge lutschen.

Seite 54:
Pferde benutzen den ganzen Körper zur Verständigung. Ihre Gestik ist in den allermeisten Fällen unmißverstehlich:
Oben: »Gibst du mir was ab?«
Unten: »Steh auf, du Faulpelz, und spiel mit uns!«

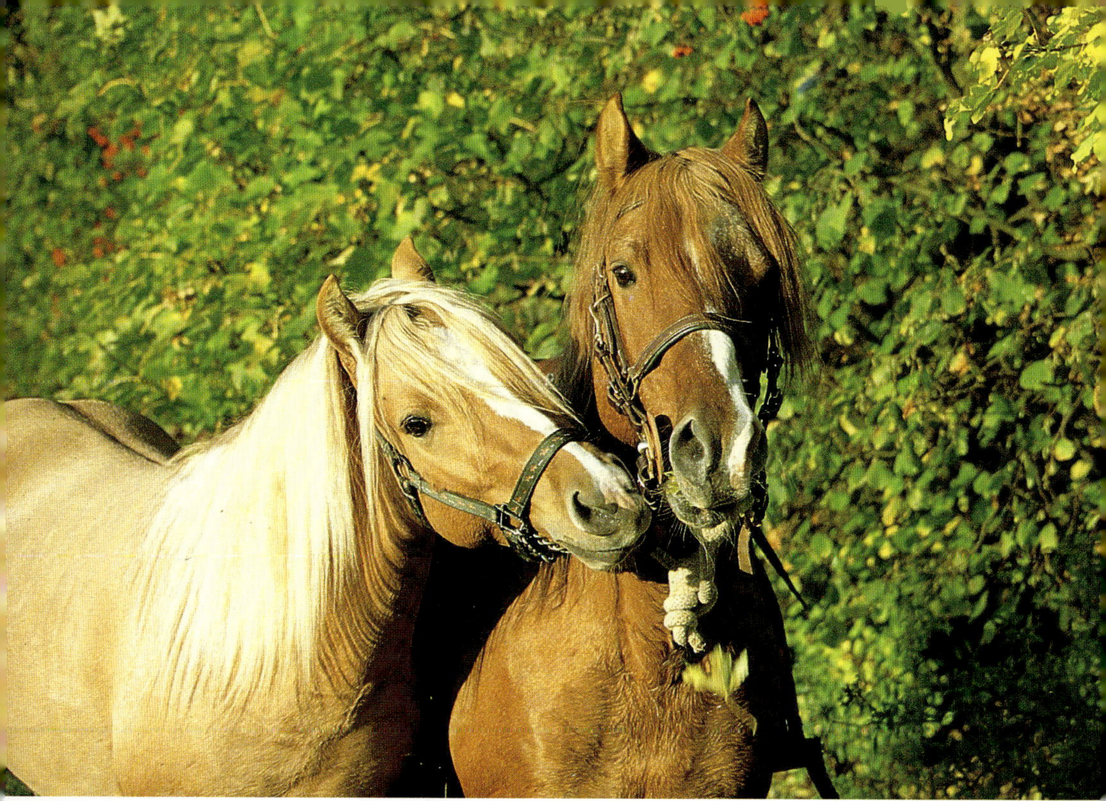

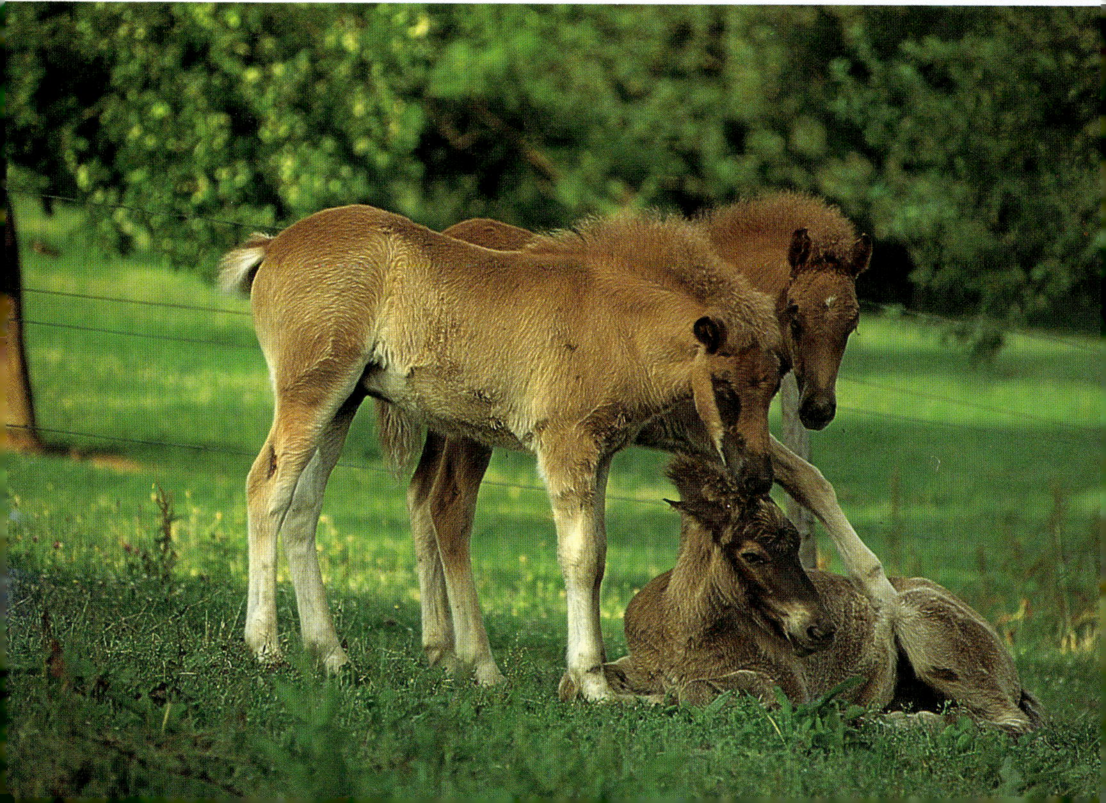

Der Berührungskontakt signalisiert dem Pferd:
»Paß auf, ich bin noch da!«

Maßnahmen kann allerdings helfen, die Aufregung der Pferde und die damit verbundene Verletzungsgefahr zu verringern:

Provokation vermeiden: Dies ist das oberste Gebot. Ein Futterneider sollte niemals neben einem gleichgesinnten vierbeinigen Gierschlund stehen. Es gibt schließlich auch Pferde, die beim Füttern gelassen abwarten, bis sie an der Reihe sind. Im Extremfall kann es sinnvoll sein, die Reihenfolge der Futterausgabe zu ändern und den Futterneider zuerst zu versorgen.

Ungestört fressen: Ein Pferd muß unbedingt ungestört von seinen Nachbarn fressen können. Die Futterkrippen sollten daher niemals beiderseits des Trenngitters angebracht sein! Ist dies unglücklicherweise doch der Fall, dann kann es sinnvoll sein, ein kurzes Stück »Sichtschutz« zwischen den beiden Futterkrippen einzuziehen. Dadurch kann man verhindern, daß das Pferd Auge in Auge mit seinem Konkurrenten fressen muß. Eine Blende von etwa einem Meter Breite entlang des Trenngitters reicht meist aus, um Futterneidern die Sicht zu nehmen und Ruhe beim Fressen zu gewährleisten.

Anbinden: Wenn Pferde gemeinsam in einer Box bzw. in einem Laufstall gehalten werden – Stuten und Fohlen oder mehrere Ponys oder Fohlen –, sollten die Pferde beim Füttern von Kraftfutter angebunden werden. Mutterstuten sind durchaus nicht geneigt, ihren Kleinen den Vortritt beim Hafer zu lassen! Manchmal kann es ausreichen, eine Spezialfohlenkrippe anzubringen, die nur einer schmalen Fohlennase, aber keinem breiten Pferdemaul Zugang bietet. Aber es gibt auch Mütter, die ihre Kinder einfach nicht in Ruhe fressen lassen ...

Liebe geht durch den Magen?

Selbstverständlich sind Pferde kleinen Bestechungseinheiten in Form von Leckerbissen nicht abgeneigt. Der verständliche Wunsch vieler Pferdeliebhaber, ihre vierbeinigen Freunde mit Belohnungsfutter zu verwöhnen, schafft allerdings nicht selten erhebliche Probleme im Stall. Auch aus der Hand gefütterte Leckerlis, Mohrrüben, Äpfel, trockenes Brot usw. können den Mechanismus des Futterneids auslösen.

Das Futterbetteln, ein erregtes Scharren in Erwartung kommender Genüsse, ist eine Angewohnheit, die Pferdehufe und -beine unnötig strapaziert. Den Pferden darf möglichst wenig Anlaß dafür geboten werden.

Kein Pferdefreund sollte daher ohne Einverständnis des jeweiligen Stall- bzw. Pferdebesitzers Leckerlis austeilen. Und wenn, dann nur von der flachen Hand aus mit angelegtem Daumen: Alter, Weisheit und Gewohnheit schützen nicht vor Freßgier.

Ausmisten

Am besten, gesündesten und sichersten für das Pferd ist es, wenn die Box in seiner Abwesenheit ausgemistet wird. Diese Forderung läßt sich natürlich aus arbeitstechnischen Gründen nicht immer verwirklichen. Aber in der Nähe eines Fluchttieres mit einer spitzen Gabel zu

»Ich hab' dich zum Fressen gern!«

Keine hektischen Bewegungen!

Ein sehr eigenwilliger und selbstbewußter Hengst attackiert seine Pflegerin, als sie die Box betreten will. Die Ausbilderin des Hengstes beschließt daraufhin, die Box selbst auszumisten. Sie verweist mit gewohnter Autorität den Hengst auf seinen Platz, und er zieht sich gehorsam zurück. Als sie in ihrem üblichen flotten Arbeitstempo zu misten beginnt, keilt der Hengst plötzlich aus und klemmt ihr den Zeigefinger zwischen Gabelstiel und Wand ein. Ein Trümmerbruch ist die Folge.

hantieren, erfordert Umsicht und Aufmerksamkeit!

Wie fast immer gilt die Forderung, daß die Pferde an den Ablauf des Mistens in Ruhe herangeführt werden müssen. Um sie daran zu gewöhnen, gelassen und ruhig stehenzubleiben, wenn die Boxentür geöffnet wird, ist das einfachste Mittel, ihnen Rauhfutter anzubieten. Bleibt ein Pferd selbst dann nicht ruhig stehen, sollte man es notfalls anbinden.

Steht ein Schubkarren in der geöffneten Boxentür, so sollte auf keinen Fall ein verlockender Spalt offenbleiben, der dem Pferd einen Weg in die Freiheit suggeriert.

Das Handhaben der Mistgabel muß bei allem menschlichen Arbeitseifer auf jeden Fall ruhig geschehen. Ein Herumfuchteln mit dem Gabelstiel hat schon manches Pferd, wie der Hengst in unserem **Fallbeispiel** (S. 57), mit einer Drohgebärde verwechselt!

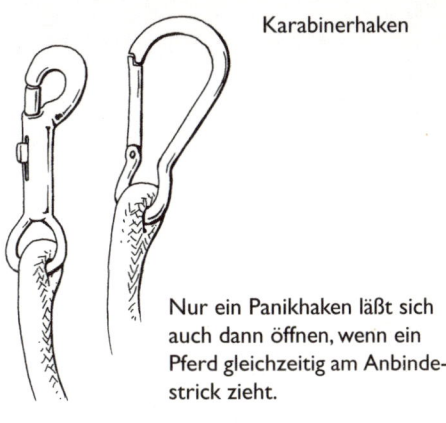

Karabinerhaken

Nur ein Panikhaken läßt sich auch dann öffnen, wenn ein Pferd gleichzeitig am Anbindestrick zieht.

Anbinden – Angst und Zwang

Ganz sicher ist das Angebundensein für ein Fluchttier eine kritische Angelegenheit. Pferde, die von klein an daran gewöhnt sind, tolerieren diese Situation.

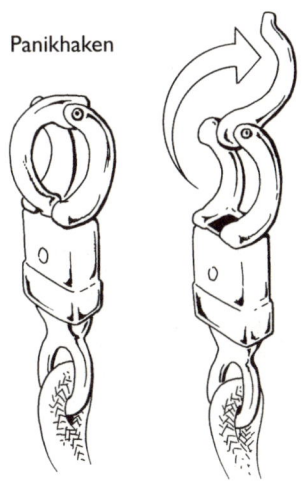

Panikhaken

Aber im Fall drohender Gefahr wird der Instinkt jedem Pferd raten, sich loszureißen. Es gibt Pferde, die regelmäßig Stricke und Halfter demolieren, weil sie aus scheinbar nichtigem Anlaß in höllische Aufregung geraten. Dabei wird ein verhängnisvoller Teufelskreis in Gang gesetzt: Ein Pferd, das sich erschreckt, sucht sein Heil in der Flucht. Auf den ersten Schreck folgt der zweite, schlimmere, sobald es registriert, daß es nicht flüchten kann.

Die Reitsportbranche hat dem Fluchtinstinkt des Pferdes durch die Erfindung des »Panikhakens« Rechnung getragen. Diese Anbindevorrichtung läßt sich selbst dann noch lösen, wenn ein Pferd mit voller Kraft daran zieht. Ein gewöhnlicher Karabinerhaken dagegen läßt sich nur aushaken, wenn kein Druck auf den eingehakten Ring ausgeübt wird.

Festhalten oder loslassen?

Die Idee, ein in Panik geratenes Pferd nicht festzuhalten, sondern im Gegenteil loszulassen, ist nur auf den ersten Blick widersprüchlich. Tatsächlich ist sie ein Indiz für die erstaunliche Erfahrung, daß Fluchttiere sich oft beruhigen, wenn sie die potentielle Möglichkeit zur Flucht haben.

In den Ausführungen über das Verhalten auf der Weide war von der Fluchtdistanz die Rede. In den meisten Fällen begnügen sich Pferde damit, zwischen sich und die drohende Gefahr ihren individuellen Sicherheitsabstand, die Fluchtdistanz, zu legen. Haben sie das Gefühl, jederzeit flüchten zu können, fühlen sie sich sicher genug, um nicht flüchten zu müssen.

Das Fluchtverhalten des Pferdes korreliert mit dem Neugierverhalten. Eine planlose Flucht aus jedem nichtigen Anlaß heraus wäre für die Energiebilanz wildlebender Pferde verhängnisvoll.

Aus solchen Überlegungen heraus wird klar, daß das Angebundensein eine keinesfalls artgerechte Situation für Pferde darstellt. Der Mensch versucht, Pferde in schwierigen Situationen durch den starren Strick unter Kontrolle zu halten; das Pferd versucht in schwierigen Situationen, sich zu bewegen. Nicht fliehen zu können, macht ihm Angst.

AUF EINEN BLICK

Wie binde ich mein Pferd richtig an?

- Im Zweifelsfall das Pferd nicht anbinden, sondern am Strick halten.
- Möglichst zerreißbare Halfter auswählen.
- Nur Stricke mit Panikhaken benutzen.
- Äußerste Vorsicht und Konzentration im Moment des Knotens!
- Pferde nur am Halfter oder Halsriemen und nur mit einem »Pferdeknoten« anbinden, der sich mit einer Hand blitzschnell lösen läßt.
- Auf die richtige Höhe der Anbindevorrichtung und die korrekte Länge des Stricks achten.
- Im Zweifelsfall das Pferd freilassen – falls es nicht eine unmittelbare Gefährdung für Dritte darstellt.

Ein angebundenes Pferd, das in Panik gerät, gefährdet sich und andere.

Konflikte und Unfälle für Pferde und Menschen, gerade beim Anbinden oder mit dem angebundenen Pferd, treten überdurchschnittlich häufig auf. Schreckreaktionen, während gerade vorschriftsmäßige Anbindeknoten geknüpft wurden, haben schon manchen Menschenfinger gekostet. Pferde, die sich nicht losreißen können, keilen wahllos oder werfen sich mit voller Kraft zu Boden – auf Pflaster oder Asphalt ein überaus gefährlicher Befreiungsversuch.

Nicht allen Eventualitäten kann der Pferdepfleger vorbeugen. Aber zur Verminderung der Risiken beim Anbinden ist das Einhalten einiger Regeln sinnvoll (s. Kasten S. 58).

Aus hygienischen Gründen sollten Pferde nicht in der Box geputzt werden. Da sie Frischluftfanatiker sind, sollte man draußen putzen, wenn das Wetter es erlaubt. In einem größeren Boxenstall mit breiter Stallgasse läßt sich auch dort eine Anbindemöglichkeit einrichten.

Ein Fluchttier, das seine Umgebung im 360°-Radius in beiden Augen zu behalten gewohnt ist, steht nicht gerne vor einer Wand. Sie versperrt ihm allzudeutlich den Fluchtweg nach vorn. Sehr viel lieber stehen Pferde rechts oder links angebunden in der Stallgasse oder an einem Balken, über den sie hinwegschauen können – ganz wie im Wilden Westen. Niemals sollte man allerdings ein Pferd an einem beweglichen Teil – einer Schiebetür, einem Fensterladen, einer Gitterhalbtür u. ä. anbinden. Eine Schreckreaktion könnte verhängnisvolle Folgen haben.

Anbinden läßt sich nicht erzwingen. Haben die Tiere erst einmal gelernt, daß Stricke reißen, Halfter zerkrachen und Menschen im Zweifelsfall loslassen, hat man sich ein schwerwiegendes Problem eingehandelt. Pferde, die schon einmal schlechte Erfahrungen mit dem Angebundensein gemacht haben, sind potentielle Wiederholungstäter. Zur Konfliktvermeidung könnte eine elastische

Anbindevorrichtung beitragen, wie sie neuerdings im Fachhandel angeboten wird. Die beste Art jedoch, einem Pferd die Situation des Angebundenseins zu versüßen, ist Futter. Auch die Gesellschaft eines ruhigen, gelassenen Pferdes kann helfen.

Verantwortungsbewußte Züchter machen Fohlen mit dem Anbindestrick vertraut, während sie fressen. Gewöhnung an eine unangenehme Situation unter der Maxime strengster Konfliktvermeidung ist wie immer im Umgang mit dem Pferd hilfreicher als Zwang.

Macht ein Pferd Schwierigkeiten beim Anbinden, kann es nützlich sein, die Situation nur pro forma herzustellen. Entweder schlingt man den Strick nur lose um die Anbindevorrichtung, oder man klickt den Haken nicht direkt in einen Ring am Halfter ein, sondern in eine daran befestigte Bindfadenschlinge. Erschrickt das Pferd, kommt es auf diese Weise ohne Widerstand frei. Und das Gefühl, notfalls fliehen zu können, ist eben

sehr beruhigend. So beruhigend, daß man die Flucht oft gar nicht mehr anzutreten braucht.

Natürlich gibt es Situationen, in denen von einem freilaufenden Pferd eine große Gefahr ausgehen kann. Aber in der heimischen Stallgasse oder am vertrauten Putzplatz kann es durchaus ungefährlicher sein, einem Pferd den geordneten Rückzug zu erlauben, als es mit einer verhaßten Anbindevorrichtung kämpfen zu lassen.

Putzen – mehr als Fellpflege

Pferde verfügen über eine sensible, berührungsempfindliche Hautoberfläche. Fellpflege gehört zu ihren täglichen Ritualen. Allerdings sind die Vorstellungen eines Pferdes davon, wie sich ein angenehmes Fell anfühlt, weit entfernt von denen eines Menschen.

Der Aktionsradius der Vorder- und Hinterbeine eines Pferdes ist beeindruckend.

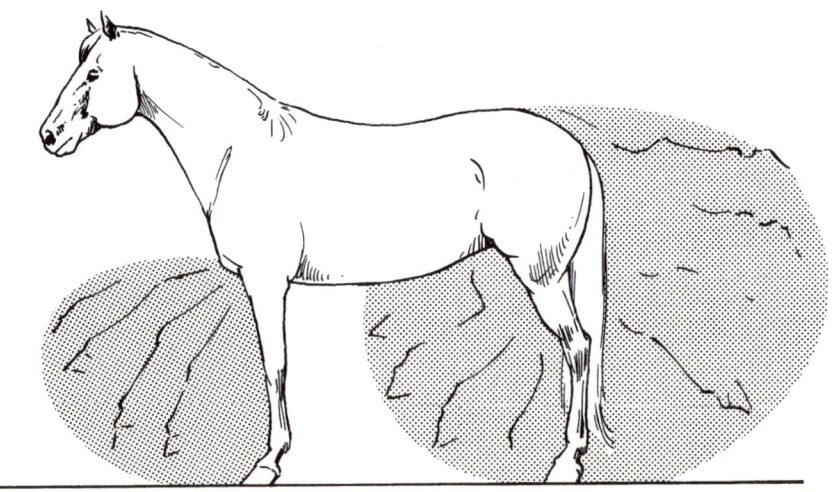

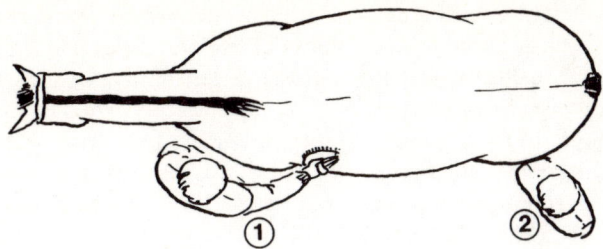

Pferde wälzen sich für ihr Leben gern, im Sand oder Schlamm, im Wasser oder Schnee, im Stroh oder Sägemehl. Dieses Wälzen hat verschiedene Funktionen, vom Trocknen des naßgeschwitzten Pferdes in der Reitbahn bis zur Panierschicht gegen Insekten auf der Koppel.

Pferde, die sich gut verstehen, betreiben gegenseitig die sogenannte soziale Fellpflege. Sie kraulen und beknabbern sich gegenseitig am Hals, Widerrist und Rücken. Einer zeigt dem andern dabei an, wie er selbst gern bearbeitet werden möchte (s. Abb. S. 22).

Bewährte Teamarbeit gibt es auch in der Insektenabwehr: Pferde benutzen mit Vorliebe und Geschick den Schweif des Weidekameraden als Fliegenwedel im eigenen Gesicht. Den Vertrauensbeweis, sich direkt in die Reichweite der Hinterbeine des Nachbarn zu begeben, kann man nur bei Pferden beobachten, die sich gegenseitig gut kennen und respektieren.

Striegel und Kardätsche

Kosmetische Gesichtspunkte der Fellpflege, wie sie Menschen als Ausgangspunkt haben, liegen Pferden fern. Aber im allgemeinen finden sie pferdegerechte Berührungen durch den Menschen ganz angenehm.

Die sicherste Ausgangsposition für den Pferdepfleger befindet sich dicht neben der Pferdeschulter ①. Dicht neben dem Hinterbein ② ist die Gefahr, geschlagen zu werden, geringer als beim Abstandhalten.

Als Ausgangspunkt für alle Handlungen am Pferd hat sich in der reiterlichen Tradition die Position neben der linken Pferdeschulter eingebürgert. An diesem Platz hat der Zweibeiner eine praktikable Reichweite, vor allem für die rechte Hand, und kann das Pferd gut im Auge behalten. Zugleich ist der Mensch vor möglichen Abwehrreaktionen bestmöglich geschützt, denn das Pferd kann seine Vorderbeine nur sehr begrenzt nach seitlich-außen bewegen.

Beim Putzen bewegt sich der Mensch ständig in der kritischen Distanz oder Individualdistanz des Pferdes, also in der Zone, in der es sich verteidigt, wenn es sich angegriffen fühlt. Eine der typischen Angriffssituationen für ein Pferd ist die Attacke direkt von hinten. Raubtiere pflegen ihrer Beute von hinten oben in den Nacken zu springen.

Da Pferde direkt hinter sich einen toten Winkel haben (wie auch direkt vor ihrem Kopf), reagieren sie auf unvermutete menschliche Berührungen in diesem Bereich unter Umständen aggressiv.

Wer ein Pferd putzt, sollte daher sicherstellen, daß es immer genau weiß, wo sich der Mensch befindet. Das geschieht am sichersten durch Körperkontakt und Berührungen. Beim Herumgehen um ein Pferd legt man dafür zweckmäßigerweise eine Hand auf die Kruppe.

Niemals darf man sich einem Pferd im toten Winkel direkt von hinten überraschend annähern. Mögliche Schreckreaktionen des Pferdes, in unserem **Fallbeispiel** (S. 62) das Ausschlagen mit den Hinterbeinen, können lebensgefährliche Unfälle verursachen.

Eigenständige Fellpflege – Wälzen und gegenseitiges Beknabbern – ist für Pferde eine lustvolle Beschäftigung. Wenn das Putzen von Menschenhand dem Pferd unangenehm ist, verfehlt es einen wesentlichen Teil seiner Funktion.

Ein Patentrezept für pferdegerechtes Putzen kann es schon deshalb nicht geben, weil Pferde je nach Rasse, Alter, Haltungsform und Jahreszeit immense Unterschiede im Haarkleid aufweisen. Auch die Haut selbst ist unterschiedlich empfindlich; die extreme Hautempfindlichkeit gilt in Reiterkreisen geradezu als Merkmal des »edlen« Pferdes, insbesondere der Vollblutrassen.

Es leuchtet ein, daß man ein zottelige Shetlandpony, das ganztags im Freien lebt, mit anderem Werkzeug und mit anderer Intensität bearbeiten kann als einen Englischen Vollblüter in Rennkondition. Zudem gibt es, ganz wie bei uns Zweibeinern, ausgesprochen kitzlige Vertreter, die sich an Bauch und Flanke generell nicht gern anfassen lassen. Die Berührungen beim Putzen sollten dem Pferd so angenehm wie möglich sein – im Zweifelsfall ist man gut beraten, das Wohlbefinden des Pferdes über kosmetische Gesichtspunkte zu stellen.

Für schmerzhafte, den Tieren deutlich unangenehme Prozeduren bei der täglichen Pflege gibt es überhaupt kein Argument. Im Gegenteil: Pferde, die unsachgerecht und gegen ihren Widerstand geputzt werden, reagieren mit Muskelverspannung statt mit Muskellockerung. Wie extrem eine solche Verspannung ausfallen kann, belegt unser **Fallbeispiel** (S. 63). Es stellte sich heraus, daß der Besitzer das empfindliche Pferd regelmäßig intensiv mit dem Eisenstriegel bearbeitet hatte. Die starke muskuläre Abwehrspannung war als Lahmheit mißdeutet worden.

Vorsicht, toter Winkel!

Ein älterer Landwirt, erfahren im Umgang mit Kaltblütern, kauft für seine Enkel ein Reitpferd. Er will seine Neuerwerbung vorführen, nimmt sein Putzzeug, geht von hinten an das Pferd heran und klopft ihm aufmunternd auf die Kruppe. Das Pferd, das auf seine Annäherung nicht gefaßt ist, feuert mit beiden Hinterbeinen aus und trifft ihn in den Unterleib. Wie durch ein Wunder trägt er keine schweren Verletzungen davon.

Unheilbare Arthrose?

Die berühmte Ausbilderin Linda Tellington-Jones sieht bei einem ihrer Kurse eine edle, hoch im Blut stehende Stute, die wegen unheilbarer Arthrose zum Schlachter soll. Sie erbittet die Gelegenheit, dem Pferd durch ihren berühmten »Tellington-Touch«, einer Art spezieller Massage, etwas Linderung zu verschaffen. Nach einer Stunde Arbeit marschiert das Pferd locker und ohne eine Spur von Lahmheit über den Hof.

Frisurenmode

Das Wohlbefinden des Pferdes hat Vorrang – das gilt auch für das Frisieren des Langhaares. Das für Turnierpferde übliche Verziehen der Mähne, fachgerecht mit dem Mähnenkamm ausgeführt, wird von manchen Pferden klaglos toleriert. Andere dagegen reagieren auf das Ausreißen von Mähnen- oder gar Schweifhaaren schmerzempfindlich. Wenn Beruhigung und ablenkendes Futter nicht helfen, sollte man sich darauf beschränken, das Langhaar vorsichtig mit einem Spezialmesser, einer Schere oder Schermaschine zu bearbeiten.

Die Frisur der Turnierpferde ist ebenso modischen Einflüssen unterworfen wie das Outfit der Reiter. Über den Sinn oder Unsinn des Entfernens von Haaren am Fesselkopf, am Kronenrand, im Kehlgang usw. läßt sich trefflich streiten. Wer allerdings ein Pferd seines natürlichen Schutzes, etwa am Fesselkopf, beraubt, braucht sich über erhöhte Anfälligkeit für Erkrankungen der Fesselbeuge wie Mauke, Milben- oder Pilzbefall nicht zu wundern.

Eine Reihe kosmetischer Maßnahmen beeinflußt bei entsprechender Pflege das Wohlbefinden der Pferde tatsächlich kaum. Mit einer Ausnahme: das Entfernen der langen Tasthaare rund um Maul und Nüstern. Mit ihrer Hilfe sondieren Pferde geschickt und kundig ihr Futter und erkennen rechtzeitig ungenießbare Fremdkörper. Pferdefreunde sollten darauf verzichten, diese Tasthaare einem Schönheitsideal zu opfern.

In Turnierställen ist es üblich, Leistungspferde im Winter zu scheren, damit sie ihr gewohntes Training nicht sozusagen im Pelzmantel absolvieren müssen. Viele Pferde lassen sich relativ problemlos an das Scheren gewöhnen; manche allerdings reagieren mit starkem Unmut. Bei der Verwendung von elektrischem Strom in unmittelbarer Umgebung von Pferden ist auf jeden Fall höchste Alarmstufe angesagt. Ihr Organismus ist äußerst empfindlich gegen Elektrizität; schon ein Stromschlag mit weitaus weniger als 230 Volt kann für sie tödlich sein.

Fußpflege

Hufpflege ist in freier Natur nicht vorgesehen. Im Idealfall läuft sich das wildlebende Pferd den Huf selbständig in dem Maß ab, wie er wächst. Domestizierte Pferde kommen ohne Hufpflege, vielfach ohne Beschlag, jedoch nicht aus.

Welch kritische Situation das Hochheben und Festhalten eines Hufes für ein Fluchttier darstellt, läßt sich leicht ausmalen. Wenn ein Fohlen nicht mit Geduld und Sachverstand an diese Situation herangeführt wurde, kommen auf den Pferdehalter große Probleme zu.

Es ist ausgesprochen schwierig, einem ausgewachsenen Pferd begreiflich zu machen, daß es die unangenehme Prozedur des »Füßegebens« ohne Gegenwehr über sich ergehen lassen muß. Gefährlich für alle Beteiligten ist der Versuch, dem unwilligen Pferd mit Gewalt einen Fuß wegzuziehen. Auch diese Übung gelingt schließlich nur, wenn das Pferd Vertrauen faßt und sich nicht zwanghaft festgehalten fühlt.

Beim Schmied

Eine Steigerung des Schwierigkeitsgrades für das Pferd stellt der Umgang mit dem Schmied dar. Zusätzlich zum ungeliebten Festhalten wird mit Zange, Hauklinge, Hammer und Nägeln gearbeitet. Beim Aufbrennen des heißen Eisens entstehen zischende Geräusche und unangenehm stinkender Qualm. Ein Pferd, das sich gegen solche Zumutungen wehrt, darf man keinesfalls strafen. Der Kreislauf von Angst und Gegenwehr würde sich in diesem Fall zuverlässig verschlimmern.

Problemen beim Schmied beugt man am besten durch regelmäßiges ausgiebiges Aufheben der Hufe vor. Die Gesellschaft eines ruhigen Artgenossen und Ablenkungsfutter können dem ängstlichen Pferd in der Schmiede helfen.

Umgang mit Wasser

Wasser ist für Pferde ein natürliches Element. Dennoch sind einige Pferde mehr oder weniger wasserscheu. Mit etwas Einfühlungsvermögen gelingt es meist in kurzer Zeit, sie an Pflege mit Wasser zu gewöhnen. Abwaschen mit dem Schwamm ist den Pferden dann am angenehmsten, wenn das Wasser lauwarm temperiert ist.

Schwieriger schon ist das Kennenlernen des Wasserschlauches. Das zischende Spritzgeräusch wird von vielen Pferden bei der ersten Konfrontation als Bedrohung interpretiert.

Ein am Boden liegender Schlauch sollte nie mit den Pferdehufen direkt in Berührung kommen und auch nicht hin-

Vorsicht, Schlauch!

Ein sehr gehorsamer, gut erzogener, aber ängstlicher Trakehner-Wallach wird von einem Pflegemädchen abgespritzt. Sie ist mit einer Seite fertig und versucht, den Schlauch vor dem Pferd vorbei auf die andere Seite zu ziehen. Dabei berührt der rutschende Schlauch einen Vorderhuf. Wie von der Tarantel gestochen springt der Wallach rückwärts und hängt im Anbindestrick. Schließlich bricht der Panikhaken, und das vom plötzlichen Nachlassen des Drucks überraschte Pferd stürzt auf den gepflasterten Hof.

»Hiiilfe!!!«

und hergerollt oder geschleift werden. Denn das runde, lange Etwas hat verhängnisvolle Ähnlichkeit mit einer Schlange – einem Erzfeind der Steppenbewohner! Die Urangst davor hat sich merkwürdigerweise bei manchen domestizierten Pferden erhalten, wie auch in unserem **Fallbeispiel** (S. 64).

Als günstigste Form der Abspritzeinrichtung hat sich ein Schwenkarm bewährt, an dem der Schlauch von oben frei herunterhängt.

Wenn Pferde mit dem Abspritzen vertraut gemacht werden, empfiehlt es sich, mit wenig Wasserdruck zu arbeiten und sich von unten nach oben, also von den Hufen bis zum Körper, hochzuarbeiten. Nasse Füße, sprich Hufe und Fesseln, sind für Pferde von der Weide her eine vertraute Situation. Der Körper sollte immer vom Kopf weg abgespritzt werden.

Luft raus, Kopf runter – das Satteln

Wie beim Putzen hat sich auch für das Anbringen der Ausrüstung die sichere Ausgangsposition neben der linken Pferdeschulter bewährt. Ruhige Gewöhnung und ritualisierte Abläufe gewährleisten die größte Sicherheit für den Umgang mit Sattel und Zaumzeug. Für einen Reitschüler gehört die Beherrschung der Routineabläufe beim Auf- und Absatteln des Pferdes zu den ersten und wichtigsten Lernzielen.

Denn vor Überraschungen ist niemand sicher. Auch das bravste und wohlerzogenste Pferd ist und bleibt ein Fluchttier und kann auf Außenreize unerwartete Reaktionen zeigen. Gerade wenn bei einem ruhigen Vertreter der Fluchtinstinkt durchbricht, ist der unan-

Angst vor dem Urfeind

Einem Reitanfänger wird ein äußerst ruhiges und gutmütiges Pferd zur Reitstunde zugeteilt. Als er den Sattelgurt schließen will, gerät das Pferd plötzlich in Panik, springt rückwärts und demoliert sein Halfter. Der Reitschüler kann sich zunächst keinen Vers auf die Reaktion des Pferdes machen, entdeckt dann aber, daß beim Herunterlassen des Gurtes auf der rechten Seite ein schwarzer Fellschoner zu Boden gefallen ist.

genehme Überraschungseffekt besonders groß. In unserem **Fallbeispiel** (S. 66) hatte der schwarze Gurtschoner beim Pferd die gleiche Assoziation ausgelöst wie der rollende Schlauch im vorigen Fall – die Angst vor dem Urfeind Schlange.

Bei der Ausbildung junger Pferde läßt sich zweifelsfrei beobachten, daß der einschnürende Gurt um den Bauch viel eher unangenehm empfunden wird als das Gewicht des Sattels auf dem Rücken. Schreck- und Protestreaktionen gegen den Gurt manifestieren sich schlimmstenfalls im sogenannten Sattelzwang. Diese panische Reaktion auf forsches Angurten bleibt Pferden manchmal lebenslang erhalten. Das Satteln solcher Pferde erfordert Vorsicht und äußerste Geduld.

Die beste Maßnahme gegen das lästige »Aufblasen« mit Luft im Moment des Angurtens ist einmal mehr Konfliktvermeidung: Das Pferd sollte mit dem Satteln keine unangenehmen Erfahrungen verbinden. Ein geduldiges, gefühlvolles Nachgurten, nachdem sich das Pferd durch leichte Bewegung (Führen) entspannt hat, erspart auf die Dauer kräftezehrendes Zerren am Sattelgurt.

Beim Angurten kann man sich davon überzeugen, wie nachtragend Pferde sind – die Kehrseite ihres guten Gedächtnisses. Einmal die Geduld verloren und gewaltsam am Gurt gehebelt – am nächsten Tag ist das Problem garantiert größer als je zuvor.

Allzuoft kann man beim Angurten beobachten, wie Pferden ihre innere Abwehr in einer Übersprungshandlung abreagieren: Sie zeigen ein deutliches Drohgesicht und beißen Löcher in die Luft. Das ist solange nicht gefährlich, wie sie den sattelnden Menschen prinzipiell als Ranghöheren anerkennen. Vorsicht ist dennoch angebracht. Und kein anderer Zweibeiner sollte sich in die Gefahrenzone begeben, wenn angegurtet wird. In unserem **Fallbeispiel** (S. 67) hatte das Kind den Ponywallach gestreichelt, während der Gurt angezogen wurde. Wie üblich hatte das Pony mit instinktiven Bissen reagiert – aber dieses Mal hatte sich direkt vor ihm nicht nur Luft befunden.

Auch für das Auftrensen gilt die Empfehlung konsequenter Konfliktvermeidungsstrategie. Der Druck durch das Gebiß im Maul, durch die Trense auf Genick und Ohren und durch das Reithalfter auf die Nase sind möglicherweise problematische Faktoren. Beim ungeschickten Abtrensen kann das Gebiß unkontrolliert gegen die Pferdezähne schlagen.

Vorsicht beim Satteln!

Bei einem Kinder-Ferienkurs für Anfänger und Fortgeschrittene bekommt jedes unerfahrene Kind einen Partner mit mehr Reiterfahrung zugeteilt. Eines der Anfänger-Kinder stellt sich dem Pferd gegenüber und streichelt es von vorn, während das Kind mit mehr Erfahrung sattelt. Ohne jede Vorwarnung beißt der ansonsten verträgliche Wallach das streichelnde Kind so in den Bauch, daß es ärztlich behandelt werden muß.

Jeder Reiter sollte sich darüber im klaren sein, daß er mit einer nicht fachgerecht ausgewählten oder angepaßten Zäumung über ein potentielles Marterinstrument verfügt. Mögliche Gegenwehr der Pferde kann immer eine akute Schmerzreaktion sein. Andererseits schleichen sich bei der lästigen Konfrontation mit dem Gebiß oft symbolische Abwehrreaktionen ein (Hochnehmen des Kopfes, Zusammenbeißen der Zähne, Kopfschlagen u. ä.).

Beim Anbringen der Zäumung ist es unabdingbar, die fachgerechten Handgriffe zu beherrschen. Hat ein Pferd erst einmal schlechte Erfahrungen gemacht oder begriffen, daß es über eine effektive Gegenwehr verfügt, dann kann aus der alltäglichen Prozedur leicht ein Zweikampf werden.

Jede Provokation sollte auch beim Auftrensen vermieden werden; ein Vorwärmen des eiskalten Gebisses oder ein Leckerbissen im richtigen Augenblick bewirken mehr als jeder Krafteinsatz.

Wenn der Tierarzt kommt

Je nach ihrem generellen Vertrauen zum Menschen und einschlägigen Erfahrungen reagieren Pferde sehr unterschiedlich

Eine fachgerecht angelegte Nasenbremse macht Beruhigungspulver oft überflüssig.

auf den Besuch des Tierarztes. Die Spannweite reicht von freundlicher Gelassenheit bis zu heftigster Erregung.

Beim Auftauchen des Tierarztes im Stall kann man gelegentlich das wahre »Elefantengedächtnis« der Pferde registrieren, die einen Menschen, der sie mit einer unangenehmen Behandlung konfrontiert hat, noch nach Jahren spontan ablehnen. Manchmal reicht auch schon der typische Medikamentengeruch aus, der einen fremden Tierarzt umgibt, um ein Pferd in Alarmbereitschaft zu versetzen.

Im Einzelfall muß sorgfältig überlegt werden, wo eine notwendige Untersuchung oder Behandlung durch den Tierarzt durchgeführt wird: in der Box oder an einem weniger eingeengten Platz. In der vertrauten Box sind Pferde meist ruhiger, dafür ist die Verletzungsgefahr für Mensch und Tier wegen der relativen Enge größer.

Ist ein Pferd mit dem üblichen Einsatz an Streicheleinheiten und Körperkraft nicht zu bewegen, eine nötige Behandlung über sich ergehen zu lassen, kann eine Nasenbremse helfen. Mit einer Seilschlinge an einem Griff wird die Oberlippe des Pferdes geknebelt. Fachleute sind sich heute darüber einig, daß nicht der Ablenkungsschmerz die Ursache dafür ist, daß »gebremste« Pferde sich verhalten, als stünden sie unter Beruhigungsmitteln. Tatsächlich wird durch die Bremse eine entsprechende Hormonausschüttung angeregt.

Vorsicht: Gebremste und unter Beruhigungsmitteln stehende Pferde haben oft veränderte Reaktionen. Gefährlich für den Festhaltenden ist vor allem unkontrolliertes, heftiges Kopfschlagen.

Haltungsbedingte Unarten

Die meisten Pferde quittieren das stundenlange Eingesperrtsein in einer Box mit scheinbar stoischem Gleichmut. Sie

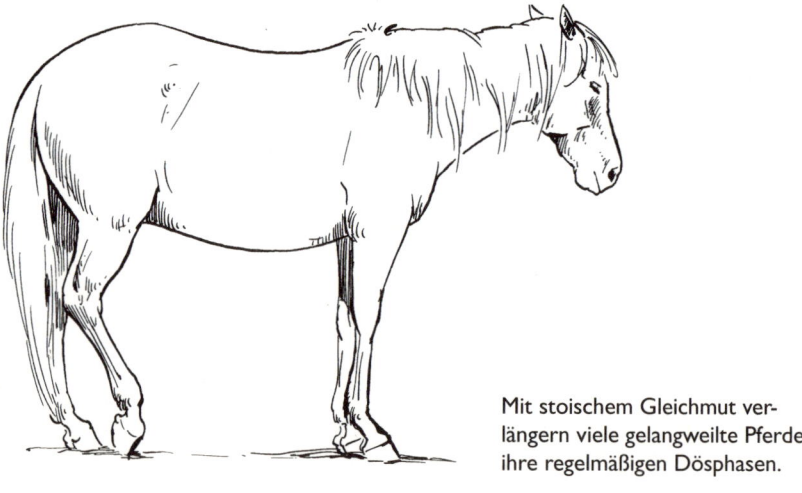

Mit stoischem Gleichmut verlängern viele gelangweilte Pferde ihre regelmäßigen Dösphasen.

Weben ist eine schwerwiegende
Verhaltensstörung.

suchen systematisch ihre Streu auf ein eß-
bares Hälmchen hin ab, sie halten einen
kurzen lautlosen Plausch mit dem Nach-
barpferd, schauen – wenn sie die Gelegenheit dazu haben – konzentriert in ir-
gendeine unbekannte Ferne oder dösen
nur einfach vor sich hin, ein Hinterbein
womöglich in Entlastungshaltung gestellt.

Es gibt allerdings auch einige typische
unangenehme Reaktionen auf die Einzel-
haft. Leicht erregbare Pferde, die ihrer
großen inneren Anspannung durch Bewegung Luft machen wollen, aber nicht
können, verfallen auf Übersprungshandlungen, die sich in Unarten äußern.

Nagen: Manche Pferde begnügen sich
nicht damit, artig auch noch das letzte
Hälmchen Heu aus der Streu aufzusam-
meln, sondern knabbern alles an, was
nicht niet- und nagelfest ist, insbesondere
alle Holzteile. Es gibt auch Spezialisten,
die regelrechte Spiele erfinden, wie man
die Zähne am besten an den Gitterstäben

wetzt, wie man mit dem Türriegel klap-
pert (ihn unter Umständen dabei öffnet)
und ähnliches mehr.

Wildlebende Pferde sind bis zu 20
Stunden am Tag mit der Futteraufnahme
beschäftigt. Reitpferde in Boxenhaltung
schaffen ihr Futter oft in insgesamt 3 bis
höchstens 4 Stunden. Für den Rest der
Zeit müssen sie Ersatzbeschäftigungen
finden. Nagen, zumal an Holz, ist lästig,
aber völlig normal. Gelegentlich zeigt
dieses Verhalten spezielle Mängel in der
Fütterung an – meist aber nur Langeweile.

Scharren: Eine der lästigsten Unarten ist
das beständige unruhige Scharren mit
den Vorderbeinen (auch ohne Zusammenhang mit dem Futterbetteln).

Weben: Die spektakulärste Übersprungshandlung ist das sogenannte Weben. Dabei verfallen die Pferde in eine Art rhythmische Schaukelbewegung von einem
Vorderbein auf das andere. Solche mono-

Koppen ist die am weitesten verbreitete schädliche Pferdegewohnheit.

tonen, stereotypen Bewegungsabläufe sind auch von anderen in Gefangenschaft gehaltenen Tieren, etwa in Zoo oder Zirkus, bekannt. Schließlich kennen wir bei Menschen ebenfalls ganz ähnliche Reaktionen auf psychischen Streß, definiert etwa im Hospitalismus.

Koppen: Eine der am weitesten verbreiteten Unarten der Pferde ist das Koppen. Nicht umsonst gehört es zu den beim Pferdekauf gesetzlich festgelegten Gewährsmängeln. Statt den ganzen Tag am Futter zu knabbern, schlucken Kopper Luft. Anfangs brauchen sie einen festen Halt, auf dem sie die Schneidezähne aufsetzen können: den Krippenrand, die Boxentür, den Rand des Trenngitters oder gar einen Zaunpfahl. Koppen macht süchtig – in der Regel steigert sich das Luftschlucken bis zum Freikoppen.

Abstellen läßt sich das Koppen nicht mehr. Artgerechte Haltung mit viel Ab-

wechslung kann einen Kopper ablenken, ein an der Kehle eng anliegender Kopperriemen kann ihm beim Koppen Schmerzen zufügen – eine wenig tierfreundliche Maßnahme. Aber das Luftschlucken ist auf die Dauer gesundheitsschädigend und gefährdet das Verdauungssystem. Kopper sind potentiell kolikgefährdet. Letzte Abhilfe mit durchaus nicht hundertprozentiger Erfolgsgarantie stellt ein operatives Durchtrennen derjenigen Muskeln an der Halsunterseite dar, die für das Koppen relevant sind.

Gemeinschaftliche Ausritte gehören zu den schönsten Erlebnissen für Roß und Reiter. Pferde müssen dafür behutsam an unterschiedliche Außenreize gewöhnt werden. So kann auch die Begegnung mit Wasser zur vergnüglichen Herausforderung werden. Gehorsamsübungen in vertrauter Umgebung, wie das Durchreiten der Flatterbänder, stärken allemal das Vertrauen zwischen Mensch und Pferd.

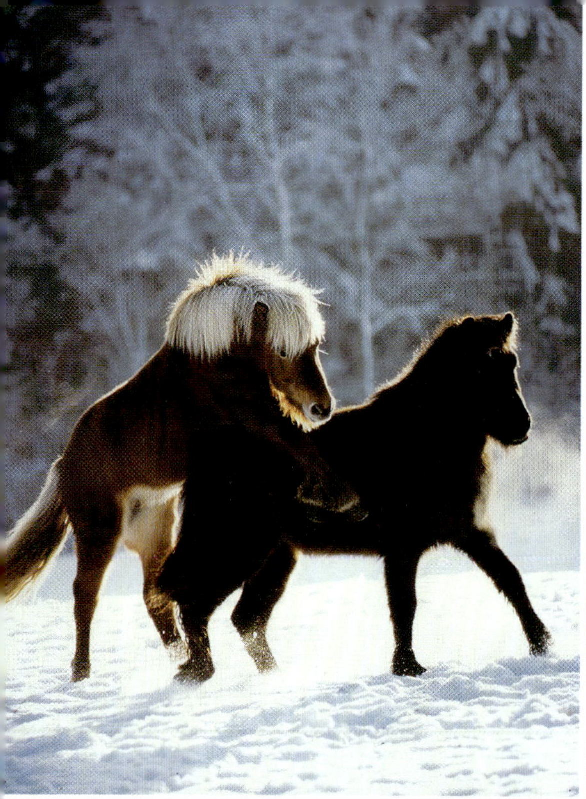
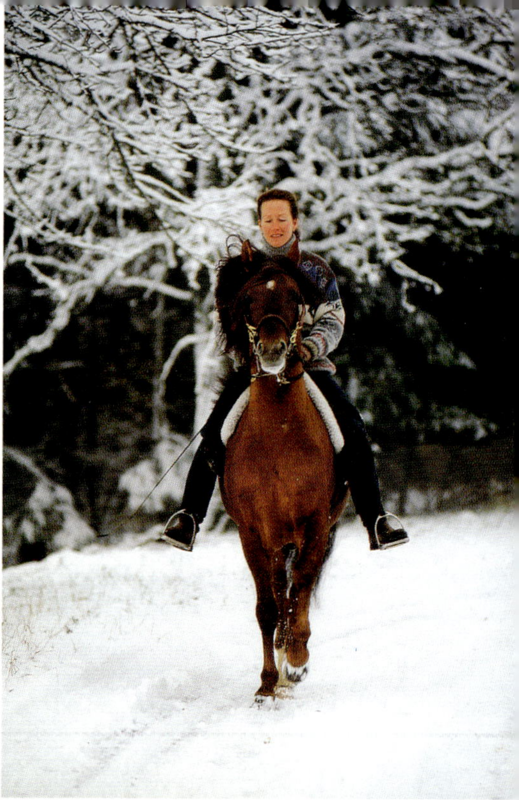
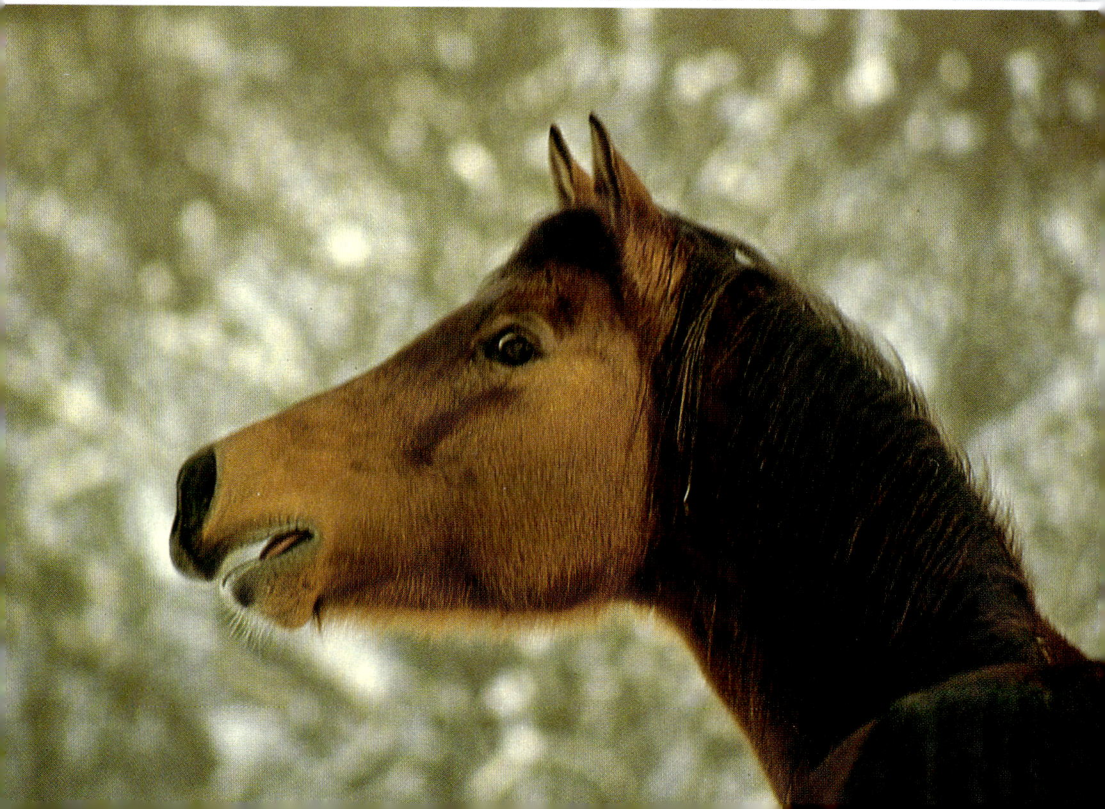

In Reiterkreisen gilt Koppen als »ansteckend«. Ein Pferdebesitzer wird sich immer überlegen, ob er sein Pferd in Sichtweite eines Koppers unterbringt. Ob sich Pferde diese Unart tatsächlich voneinander abschauen, ist allerdings wissenschaftlich nicht erwiesen.

Pferde halten an einmal erworbenen Angewohnheiten mit erschreckender Hartnäckigkeit fest. Will man einem Pferd das beständige Scharren oder Weben abgewöhnen, hilft nur eine radikale Änderung der Haltung. Im Falle des Scharrens reicht es oft aus, dem Pferd zusätzlich zur Arbeit halbtägigen Weidegang in Pferdegesellschaft zu ermöglichen. Unter diesen Bedingungen wird das Pferd hoffentlich seine innere Spannung auf anderem Wege abbauen können.

Nach neueren Untersuchungen vermutet man einen Schock bzw. eine traumatische Erfahrung als Ursache für das Weben. Die einmal erworbene Disposition für das Schaukeln im Stehen begleitet ein Pferd lebenslang. Man kann dieses vorderbeinschädigende Verhalten nur eindämmen, und zwar am besten durch eine möglichst naturnahe Haltung. Pferde auf der Weide weben in aller Regel nicht, schon gar nicht in Gesellschaft anderer Pferde.

Gelangweilten Pferden, die Holz benagen, kann man Alternativen anbieten. Insbesondere im Winter schätzen Pferde Knabberzweige. Gefährdete Holzteile kann man imprägnieren (bitte dabei an die Umweltverträglichkeit denken!).

Die findige Reitsport-Branche wirbt seit einigen Jahren mit einem speziellen Pferdespielzeug: Plastikbällen, die an einem Griff aufgehängt werden können. »Selbstgebastelte« Ablenkungen erfüllen den gleichen Zweck, beispielsweise ein in Kopfhöhe des Pferdes befestigter beweglicher Ast, an dem das Pferd knabbern, zerren und ziehen kann. Allerdings eignen sich nur splittersichere, dicke Äste ohne spitze Enden, die den Pferdeaugen gefährlich werden könnten.

Rangordnung zwischen Mensch und Pferd

Es gibt leider Pferde, die auf jeden noch so freundlichen Pflegeversuch mit Drohungen oder tatsächlichem Angriff reagieren. Sie traktieren einen gutwilligen Zweibeiner beim Füttern, Führen, Putzen oder Satteln. Die Attacken bestehen aus mehr oder weniger angedeuteten Bissen, Kopfstößen und Tritten oder gar Versuchen, den Mensch an die Wand zu quetschen.

Dabei ist oft gar nicht das Putzen oder Fertigmachen selbst der Stein des Anstoßes. Vielmehr versucht ein solches Pferd, die Rangordnung zwischen sich und seinem Pfleger gründlich in Frage zu stellen.

Oben:
Pferde sind bewegungsfreudige Lauftiere – die Freude am Ritt durch den Schnee ist dem peruanischen Paso-Hengst (rechts) deutlich anzusehen. Im Spiel trainieren die jungen Isländer alle lebensnotwendigen Fertigkeiten (links). Sexueller Kontakt hat bei der Rangelei zwischen den Fohlen Pate gestanden.
Unten:
Pferde sind leise Tiere. Um so wirkungsvoller setzen sie ihre Stimme ein, wie dieser wiehernde Araberhengst, der Kontakt zu Artgenossen aufnimmt.

Fachmännischer Umgang erwünscht!

Ein noch unerfahrener Reitschüler bekommt ein neues Schulpferd zugeteilt. Beim Putzen schlägt es gezielt nach ihm. Der hinzukommende Ausbilder übernimmt das Putzen selbst und versucht, das Pferd mit dem Striegel zu provozieren. Der Versuch mißlingt: Das Pferd zeigt selbst beim Putzen an kitzligen Stellen nicht den geringsten Widerstand.

Auf Rangeleien sollte man sich tunlichst nicht einlassen. Energisches Auftreten in Körperhaltung, Bewegung und Stimme ist unverzichtbar, um einem solchen Tier Respekt abzuverlangen. Das Eindringen in die Individualdistanz solcher Pferde darf nicht zögernd geschehen, das Anfassen nie aus einem vermeintlichen Sicherheitsabstand heraus mit ausgestreckten Armen und »spitzen Fingern«.

Wer sich bei einem unwilligen Pferd Respekt verschaffen will, muß die fachgerechten Handgriffe beim Führen, Putzen, Satteln und Auftrensen sicher beherrschen. Als Übungsobjekte eignen sich nur freundliche, menschenbezogene Tiere – jedoch immerhin die Mehrheit aller Pferde.

Wer seine eigene Furcht nicht unter Kontrolle hat, tut klüger daran, den Umgang mit einem aufsässigen Vierbeiner erfahrenen Pferdeleuten zu überlassen. Denn solche Pferde haben ein untrügliches Gespür für die Angst anderer Lebewesen und nutzen ihr Wissen höchst unfair aus.

In Reiterkreisen grassiert die Interpretation vom Angstschweiß, den Pferde riechen, genau wie Hunde. Das ist nicht einmal aus der Luft gegriffen – Pferde haben einen ausgeprägten Geruchssinn. Aber die plausibelste Erklärung für die »Angsterkennung« liegt in der Pferdesprache verborgen.

Bei jeder Begegnung tauschen Pferde untereinander eine Fülle von tonlosen Signalen aus – sie sind also darauf programmiert, Blick, Körperhaltung, Muskeltonus, Bewegungsablauf und -intensität ihres Gegenübers blitzschnell einzuschätzen. Ein Zweibeiner, der Angst hat, baut unwillkürliche Muskelspannung auf. Es ist völlig wirkungslos, ein Pferd etwa anzuschreien, wenn man sich gleichzeitig innerlich vor Angst krümmt.

In der Regel schätzen Pferde ihr Gegenüber treffend ein. Daher kann man regelmäßig die Erfahrung machen, daß selbst ungehorsame Pferde fachmännischen Umgang sofort respektieren, wie auch in unserem **Fallbeispiel** (S. 74). Eine wesentlich wirkungsvollere Gegenwehr als Schimpftiraden oder Schläge ist, umsichtig und vorausschauend zu handeln. Die vernünftigste Taktik besteht in einer möglichst effektiven Schadensbegrenzung.

Nicht ganz so erfahrene und selbstsichere Pferdefreunde mögen sich mit der Erkenntnis trösten, daß Angst keine Schande ist. Dagegen zeugt völliges Fehlen von Respekt vor unserem größten Haustier mit beachtlichen Zähnen und schlagkräftigen Hufen von mangelnder Phantasie – oder einer Spur Dummheit.

In der Reithalle – immer die gleichen Wege

Ganz allein mit seinem Pferd in einer schützenden Reithalle konzentriert zu arbeiten – das ist der Traum jedes ambitionierten Reiters. Ganz allein mit seinem Reiter in vier nutzlosen Wänden eingesperrt zu sein – das ist der Alptraum jedes jungen Pferdes. Es gibt kaum einen Punkt, in dem die Vorlieben von Pferden und Menschen so weit auseinanderdriften wie beim Thema »Reithalle«.

Sichere Wände?

Die meisten Reiter fühlen sich in einer Reithalle mit ihrem Pferd bei weitem am sichersten. Schützende Wände verbannen unerwünschte Witterungseinflüsse und störende Außenreize nach draußen. Ohne jede überflüssige Ablenkung kann der Reiter sich völlig auf sein Pferd und die gemeinsame Aufgabe konzentrieren.

Ein gleichmäßiger, federnder Untergrund und eine schräge Bande, die Platz für das Reiterknie läßt, sind zusätzliche Sicherheitsfaktoren. Das Fluchttier Pferd ist in geschlossenen Räumen der wirkungsvollsten Waffe beraubt, die es dem Menschen gegenüber hat: der Flucht.

Kein Wunder, daß Reiter instinktiv jede potentiell gefährliche Arbeit mit Pferden grundsätzlich in die Reithalle verbannen. Und Reithallen gibt es inzwischen hierzulande beinahe flächendeckend.

Insbesondere die Ausbildungsarbeit mit jungen Pferden wird mit Vorliebe in die Halle verlegt. Wo man sich der möglichen Reaktionen des Pferdes nicht sicher sein kann, erscheint die Arbeit in einem geschlossenen Raum ungleich logischer.

Unsichere Reiter flüchten sich sommers wie winters in die sicheren Wände einer Halle. Hier fühlen sie sich vor Überraschungen sicher, die Kamerad Pferd trotz aller Macht der Gewohnheit ab und zu parat hält. Hier ist vertrautes Terrain, hier sind dem Bewegungsdrang des Pferdes noch relativ enge Grenzen gesetzt. Auch die Folgen eines Sturzes sind überschaubarer, wenn das reiterlose Pferd nicht weiter weglaufen kann als bis zur hoffentlich geschlossenen Bandentür.

Anfängerausbildung findet, wo immer möglich, generell in der Halle statt. In so manchem Schulbetrieb treibt bereits die Idee, den Unterricht etwa auf dem Außenplatz stattfinden zu lassen, dem Ausbilder Schweißperlen auf die Stirn. Nicht wenige Reiter und Pferde sind auf diese Weise zu einem freiwilligen oder unfreiwilligen Hallendasein verurteilt.

Ein besserer Käfig

Aus Pferdesicht sieht ein überwiegendes oder gar ausschließliches »Hallendasein« ganz anders aus.

Genausowenig, wie Pferde ausschließlich in geschlossenen Räumen leben möchten, wollen sie sich nur in vier geschlossenen Wänden bewegen. Ein Vergleich mit dem ursprünglichen Lebensraum der Wildpferde, der Steppe, zeigt, was der Halle fehlt.

Pferde lieben und brauchen zu ihrem Wohlbefinden Licht, Luft und Platz. Das alles ist in einer Reithalle nur mäßig vorhanden. Licht ist vor allem in älteren Reithallen Mangelware – Pferde in modernen Anlagen haben in diesem Punkt oft mehr Glück. Allmählich scheint es sich in Reiterkreisen herumzusprechen, daß natürliches Licht kein verzichtbarer Luxus ist.

Die Luft hängt unmittelbar mit der Qualität und Pflege des Hallenbodens zusammen. Es ist arbeitsaufwendig und gar nicht einfach, einen Hallenboden regelmäßig so zu bewässern, daß sich die Staubbildung in Grenzen hält. Luftzirkulation ist in manchen Hallen ein Fremdwort – die buchstäblich »stehende« Luft ist bei feuchtem Wetter ebenso unangenehm wie bei Hitze. Pferde verfügen über ein ungleich größeres Lungenvolumen als Menschen. Ihr Atmungssystem ist neben Magen-Darm-Passage und Hufmechanismus eine bekannte Schwachstelle für akute und chronische Erkrankungen. Frischluft ist für Pferde kein Luxus, sondern ein unverzichtbares Muß.

Der Platz in einer Reithalle mit den klassischen Maßen 20 mal 40 Meter beträgt exakt 800 Quadratmeter. Gemessen am Bewegungsbedürfnis selbst untrainierter Pferde stellt eine Halle nur einen besseren Käfig dar.

Aus einer Weide ausgebrochene Fohlen, die in einer wenig besiedelten, pferdehuffreundlichen Gegend frei unterwegs sind, laufen ohne jeden äußeren Zwang weit über zehn Kilometer an einem Stück. Die Fohlen in unserem **Fallbeispiel** (S. 76) wurden schließlich in 18 Kilometern Entfernung aufgespürt. So weit waren sie in den wenigen Stunden nach ihrem Ausbruch aus der Weide gekommen.

Stellt man zusätzlich in Rechnung, daß Pferde mit außerordentlich leistungsfähigen Sinnesorganen ausgestattet sind, die glücklicherweise selbst bei unseren

Flucht durch den Zaun

In einer Gemeinschaftsfohlenweide, in der Jährlinge, Zweijährige und Dreijährige zusammen gehalten wurden, gibt es Probleme mit dem Führungsanspruch. Ein dreister dreijähriger Wallach wird von einem kleinen, aber äußerst behenden Araber-Ponymischling als Leittier nicht respektiert.

Der kleine Frechdachs sondert drei Jährlingsstuten von der Herde ab und nutzt eine Schwachstelle im Zaun, um sich mit seinen Pferdedamen abzusetzen. Im gesamten Umkreis von zehn Kilometern können die Pferde trotz intensiver Suche nicht gefunden werden.

Die Tür – des Rätsels Lösung

Ein Schulpferd springt im Reitunterricht für Jugendliche eine Sprungreihe tadellos. In der nächsten Springstunde wird die gleiche Reihe genau in der Gegenrichtung aufgebaut. Das vorher friedliche Pferd fängt ohne ersichtlichen Anlaß an, in der Reihe zu stürmen und nach dem letzten Sprung zu bocken. Seine junge Reiterin verliert die Kontrolle, fliegt in hohem Bogen gegen einen Hindernisständer und bricht sich den Arm.

künstlich gezüchteten Pferderassen noch nicht völlig degeneriert sind, nimmt sich der Lebensraum Reithalle noch spärlicher aus. Die Auseinandersetzung mit Außenreizen aller Art will geübt sein, wenn das Pferd nicht allmählich die Fähigkeit einbüßen soll, sich beständig auf neue Anforderungen einzustellen. Pferde, die hinter jedem Busch ein Gespenst wittern, sind nicht unbedingt so auf die Welt gekommen, sondern vielleicht auch so erzogen worden!

Kinder werden zur sogenannten Abhärtung, zur Stärkung ihres Immunsystems, regelmäßig an die frische Luft geschickt. Damit die um vieles leistungsfähigeren Abwehrkräfte der Pferde nicht allmählich verkümmern, brauchen sie ebenfalls Herausforderungen. Pferde können sich vorzüglich auf Hitze und Kälte, Regen, Schnee und Wind einstellen. Dieser natürliche »Streß« trägt mehr zu ihrem Wohlbefinden bei als eine noch so raffinierte Fütterung.

Die rettende Tür

Wie wenig selbstverständlich ein geschlossener Raum für Pferde selbst nach vielen Stunden der Gewöhnung ist, kann man daran ablesen, daß sie die rettende Tür nie vergessen. In Richtung »Heimat«, also zur Tür und zum Stall hin, gehen sie immer ein bißchen lieber, schneller, freiwilliger als in die Gegenrichtung.

Junge Pferde drängeln beim anfänglichen Longieren oder Reiten ganz ungeniert zur Tür. Sie machen an der Longe unter Umständen kehrt oder lassen sich beim Reiten schlecht von der Tür wegwenden. Ausgekocht schlitzohrige Schulpferde oder listige Ponys, die einen schwachen Reiter auf ihrem Rücken spüren, verlassen gelegentlich blitzartig und ohne Vorwarnung die Halle, wenn sich ihnen eine Gelegenheit dazu bietet.

Pferde galoppieren schneller Richtung Ausgang, gehen im Trab besser vorwärts, kommen im Mitteltrab ins Laufen oder werden im Parcours deutlich schneller. Manchmal werden sie auch schneller, als es dem Reiter lieb ist, und übermütiges Buckeln oder Lostoben sind in Richtung Hallentür sehr viel häufiger als in die Gegenrichtung zu beobachten – wie es das geschilderte **Fallbeispiel** (S. 77) belegt.

Beim Aufbau eines Parcours und bei Entscheidungen über die Abmessungen zwischen Sprüngen wird stets die Tatsache berücksichtigt, ob ein Sprung zum Ausgang hin oder vom Ausgang weg gesprungen werden muß. Hindernisse, die aus einer knappen Wendung direkt vom

Ausgang weg angeritten werden müssen, gelten direkt als Prüfstein für die Rittigkeit eines Pferdes.

Isolation

»Es ist schon schwer, das Leben zu zweien – nur eins ist noch schwerer: allein zu sein.« Dieser spöttische, auf menschliche Zweisamkeit abzielende Spruch hat auch für Pferde seine ganz besondere Gültigkeit. Das Herdentier fühlt sich nur in Gesellschaft von Artgenossen wohl und sicher. Jede Vereinzelung flößt ihm Angst ein. In der Herde werden das Wächteramt und das maßgebliche Kommando zur Flucht an die ranghöchsten Tiere delegiert. Fehlen Leithengst oder -stute, so müssen die rangniederen Tiere selbst für ihre Sicherheit sorgen.

Was diese Situation für ein Pferd bedeutet, kann man exemplarisch bei der anfänglichen Arbeit mit einem Jungtier beobachten. Typischerweise werden Dreijährige direkt von der Weide weg in einen Reitstall gebracht und dort zunächst in der Halle anlongiert. Diese Arbeit soll möglichst störungsfrei erfolgen.

Allein mit einem Menschen in der Reithalle eingesperrt zu sein, verunsichert das Pferd zutiefst – und bietet dem Menschen Chance und Gefahr. Das isolierte Herdenmitglied sucht geradezu nach Orientierung – vermutlich ist es nie wieder so bereit, den Menschen bedingungslos als Ranghöheren anzuerkennen, wie in dieser Situation. In kurzer Zeit festigt sich der persönliche Kontakt, und ein Vertrauensverhältnis entsteht, wie es bei einem bereits ausgebildeten Pferd erst nach viel längerer Zeit aufgebaut werden kann.

Es kann jedoch auch passieren, daß die Isolation dem wenig selbstbewußten Pferd soviel Angst einjagt, daß es in starre Muster der Gegenwehr verfällt. Angst ist das größte Hindernis für Bewegungslernen und damit für eine erfolgreiche Ausbildung.

Freilaufen

Eine der besten Möglichkeiten für ein Pferd, die Reithalle kennenzulernen, ist das Freilaufen. Das Tier kann seinen Flucht- und Neugierinstinkt selbst ausbalancieren und wird in seinem Bewegungsbedürfnis nicht unangenehm eingeschränkt.

Allerdings ist eine Reithalle bei weitem nicht groß genug, um einem höchst aufgeregten Pferd gefahrlose Bewegungsmöglichkeit zu bieten. Unfälle mit Pferden, die beim Freilaufen in der Halle stürzen oder sich beim übermütigen Toben und Buckeln selbst verletzen, sind nicht gerade selten. Das Unfallrisiko steigt, wenn ein angestautes Bewegungsbedürfnis und große Aufregung zusammenkommen. Zudem unterschätzen Pferdebesitzer oft das Springvermögen ihrer Vierbeiner: Schon so manches Pferd ist über die geschlossene Bandentür nach draußen in die verlockende Freiheit gesprungen – ein Hindernis, das in der Regel nicht höher ist als ein Sprung in einem L- oder M-Parcours.

Ein besonderes Risiko für das Freilaufen stellen die vielerorts in den Reithallen vorhandenen großen Spiegel dar. Sie suggerieren dem Pferd, daß ihm ein Artgenosse begegnet oder mit ihm auf gleicher Höhe ein Wettrennen austrägt – ein zurechtwei-

Risiko »Spiegel«

Ein Pferd hat regelmäßigen Freilauf in der Reithalle. Eines Tages steht ein Hindernis in der Bahn, und der Reiter rückt es auf den Hufschlag, damit sein Pferd darüber springen kann. Das Pferd zieht den Sprung auch richtig an, keilt über dem Hindernis seitlich hoch aus, trifft den Spiegel und zieht sich eine tiefe, gefährliche Sehnenverletzung zu.

sender Huftritt ist die artgemäße Antwort auf diese Anmaßung, wie in unserem **Fallbeispiel** (S. 79 oben) geschehen.

Den Hufschlag optimal auszunutzen, also sozusagen »Ganze Bahn« zu laufen, müssen Pferde erst lernen. Junge Pferde rasen von einer Ecke in die andere und zeigen dabei waghalsige Bremsmanöver, die die Vorderbeine gefährden.

Longieren

Es ist immer wieder verblüffend zu beobachten, wie schnell und gut Pferde ihre Rolle beim Longieren begreifen und respektieren. Auch unerfahrene Pferde reagieren sensibel auf die kleinste Bewegung der Peitschenschnur und lassen sich durch eine Standortveränderung des Longenführers antreiben oder verhalten. Pferde fühlen sich zwischen Longe und Peitsche sichtlich »eingesperrt«.

Eine Erklärung für das erstaunliche Funktionieren des Longierens liegt im Bau des Pferdeauges begründet. Aus unserer Sicht nimmt ein Pferd alles mit starker horizontaler Verzerrung wahr – ein Punkt im Horizont wird zur Linie. Der Mensch an der Longe wird für das Pferd zum Gegenüber, das stets parallel bleibt, wie schnell es auch läuft! Die Plausibilität dieser Erklärung läßt sich durch die Beobachtung verstärken, daß schon eine kleine Standortveränderung des Longenführers eine große Wirkung auf das Pferd hat. Ein Schritt zurück, und das Pferd fühlt sich angetrieben, einer nach vorn, und es fühlt sich gebremst.

AUF EINEN BLICK

1. Pferde nicht laufenlassen:
   - wenn sie besonders aufgeregt oder voller aufgestautem Bewegungsdrang sind;
   - bei extremer Kälte.
2. Pferde nur dann zusammen laufenlassen, wenn sie sich sehr gut kennen.
3. Außentür schließen.
4. Bandentür sichern:
   - durch eine zusätzliche hoch angebrachte Stange oder einen Helfer;
   - mit der Gerte.
5. Spiegel verhüllen.
6. »Ganze Bahn laufen« zu zweit einüben, damit waghalsige Bremsmanöver vermieden werden.

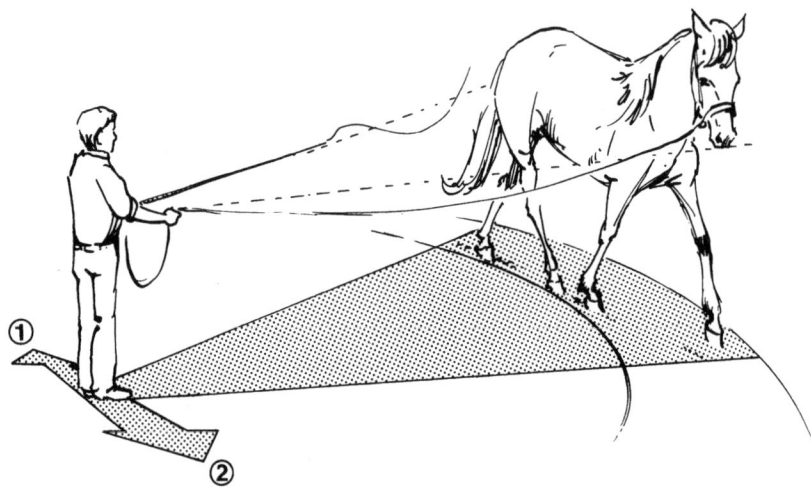

Beim Longieren ist das Pferd in ein optisches Dreieck zwischen Longe und Peitsche eingespannt.
① Ein Schritt »hinter« das Pferd wirkt treibend.
② Ein Schritt »vor« das Pferd wirkt verhaltend.

Die Tatsache, daß Longieren besser als gefürchtet funktioniert, bereitet den Boden für allerhand Leichtsinn. Ein Pferd, das nur am Halfter longiert wird, schleppt seinen Longenführer im Zweifelsfall, wohin es will, oder zieht ihm die Longe aus der Hand. Am besten sind Pferde unter Kontrolle, wenn die Longe direkt oder indirekt am Gebiß eingehakt und das Pferd zusätzlich noch ausgebunden ist.

Ein stets unterschätztes Risiko bedeutet es, wenn in einer Halle gleichzeitig longiert und außen herum geritten wird. Zwar sind Pferde häufig an diese Situation gewöhnt, aber das Pferd an der Longe ist keinesfalls sicher unter Kontrolle.

Pferde an der Longe zeigen durch ihre Körpersprache deutlich, daß sie sich nur bedingt unter Kontrolle fühlen. Diese Tatsache lenkt Pferde unter dem Sattel gründlich von der Arbeit ab. Sie registrieren stets genau, was das Longenpferd im Schilde führt. Und ein Hengst nimmt

Die rossige Stute

Ein Reitausbilder longiert einen braven, wohlerzogenen »Reithengst«. Sein Lehrling reitet auf einer Stute auf dem Hufschlag außen um den Longierzirkel herum. Ohne jede Vorwarnung und ohne den Longenführer oder die Reiterin zu beachten, springt der Hengst auf die Stute auf.

auch deutlich wahr, wenn eine Stute rossig ist und die Scheide blitzen läßt – so wie es in unserem **Fallbeispiel** (S. 80) zu einem schweren Unfall geführt hat.

Aufsitzen, Absitzen

In den Momenten des Auf- und Absitzens ist der Reiter dem Pferd völlig hilflos ausgeliefert. Ein noch so guter Reiter riskiert Meniskusverletzungen am linken Knie oder einen Bänderriß, wenn ein Pferd lostobt, sobald der Reiter den Fuß im Steigbügel hat.

Auch das Absitzen von einem Pferd, das nicht gehorsam steht, ist gefährlicher, als man auf den ersten Blick vermuten

Mangelnde Erziehung muß gelegentlich durch akrobatische Kunststücke kompensiert werden.

würde. Allerdings stehen die meisten Pferde nach getaner Arbeit lieber still als in dem Augenblick, in dem sie endlich dem Käfig Box entronnen sind.

Bewegungsstau, in der Reitersprache »Stallmut« genannt, ist eine der möglichen Ursachen für Unruhe beim Aufsitzen. Es könnte auch eine unangenehme Erfahrung bei der allerersten Besteigung durch den Reiter dahinterstecken. Solche traumatischen Erlebnisse sind sehr schwer wieder auszuschalten. In unserem **Fallbeispiel** (S. 82) kostete es ein halbes Jahr geduldige Gewöhnungsarbeit und einen weiteren Unfall, bis die Stute wieder jemanden aufsitzen ließ.

Generell können sich Pferde mit fehlender Balance oder mit Rückenproblemen schlecht im Stehen mit dem Reitergewicht abfinden. Im Laufen trägt es sich

Gefahr beim Absitzen

Ein Ausbilder kauft eine dreijährige Stute mit besonders guter Dressurveranlagung und herausragenden Gängen. Er longiert sie, und es gelingt ihm auch, einmal problemlos aufzusitzen. Wegen der Kälte in der Halle trägt er Thermoreitstiefel. Beim Absitzen schurrt er versehentlich mit der unförmig gepolsterten Wade am hohen Sattelkranz des Dressursattels entlang. Das Pferd erschrickt bei diesem kratzenden Geräusch und tobt los.

leichter. Damit das Aufsitzen nicht zur regelmäßigen Mutprobe für den Reiter wird, empfiehlt sich strikte Disziplin. Sie kann, bis das Pferd daran gewöhnt ist, auch mit Futtergabe »versüßt« werden.

Da der Reiter selbst das Pferd im Moment des Auf- oder Absitzens so wenig beeinflussen kann, ist in problematischen Fällen ein Helfer vonnöten.

Das oberste Ziel der Gewöhnung ist, daß ein Pferd ruhig steht, bis der Reiter Zügel und Bügel aufgenommen hat oder nach dem Absitzen ruhig auf beiden Beinen neben der Pferdeschulter steht.

Die einseitige Gewichtsbelastung durch den linken Steigbügel beim Aufsitzen empfinden Pferde als unangenehm, weil sie nicht gern in ihrem Gleichgewicht gestört werden. Es kann anfangs oder im Konfliktfall günstiger sein, sich hochheben zu lassen. Auch das Aufsitzen von einem Treppchen aus schont Reiter- und Pferderücken.

Ist kein Helfer aufzutreiben, so kann man wenigstens den Standort des Pferdes geschickt wählen. Ein Pferd, das vorwärtsstürmt, kann man beispielsweise mit dem Kopf dicht vor die Ecke in der Reithalle stellen, ein Pferd, das rückwärts ausweicht, genau entgegengesetzt mit dem Hinterteil Richtung Bande.

Mit einer Hand am Backenstück, mit der anderen unter Druck am rechten Steigbügel, gibt ein Helfer die sinnvollste Unterstützung.

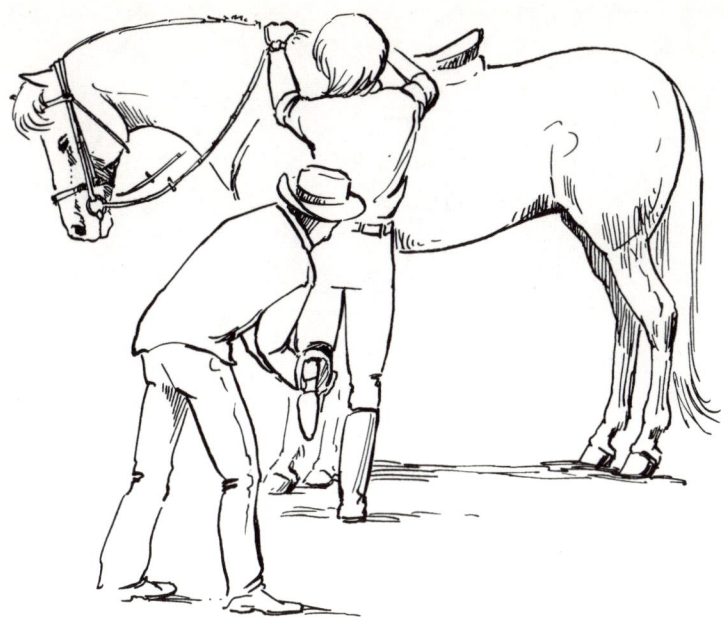

Oben: So kommen nicht nur kleine Leute auf große Pferde. Junge Pferde stehen beim Hochheben oft besser als beim Belasten eines Bügels.

Unten: So gelangen große Leute auf kleine Pferde – vorschriftsmäßig beim Westernreiten, empfehlenswert auch für große Ponyreiter.

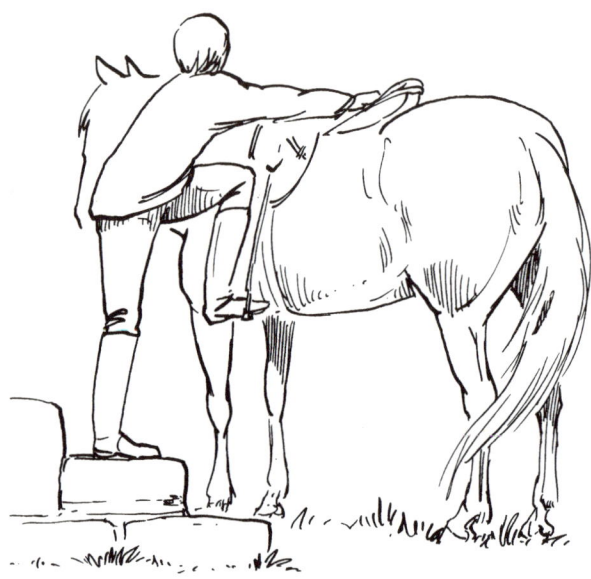

Eine erhöhte Stufe oder Treppe mindert den Aufsitz-Streß für Pferd und Reiter. Pferde lassen sich gut daran gewöhnen.

Kein traumatischer Schock, sondern schlichte Schmerzvermeidungsstrategie liegt vor, wenn ein Pferd hartnäckig den in seine Gurtlage bohrenden Zehenspitzen des linken Reiterfußes ausweicht. Aufsitzprobleme haben nicht nur Pferde, sondern auch Reiter. Ein kleines Treppchen oder eine ähnliche Aufsteighilfe können auch in einem solchen Fall Wunder bewirken und das Aufsitzen für Pferd und Reiter angenehmer gestalten.

Begegnungen der besonderen Art

Wo nicht gerade straff organisierte Reitstunden stattfinden, hat es sich eingebürgert, daß Reiter ihr Recht auf Individualismus auch in der Reithalle durchsetzen. Privatpferdebesitzer, die ihre Pferde im Verein oder in einem kommerziellen Pensionsbetrieb zu hohen monatlichen Kosten untergestellt haben, kommen und gehen, wie es in ihren ganz persönlichen Terminkalender paßt. Sie konzentrieren sich am liebsten nur auf ihr eigenes Pferd, wünschen sich möglichst wenig Mitreiter in der Halle und richten sich höchstens nach der allgemeinen Bahndisziplin (linke Hand hat den Hufschlag, rechts ausweichen, Schrittreiter machen den Hufschlag frei ...).

Pferde dagegen reagieren ganz anders auf Artgenossen in der Reitbahn. Der geforderten Konzentration auf den Reiter zum Trotz sehen sie in den anderen Pferden wenigstens ein kleines bißchen die

Herdenmitglieder, die sie brauchen, um sich wohl und sicher zu fühlen. Sie fürchten stärkere Konkurrenten, hoffen auf unterhaltsame Spielgefährten oder sehen im Artgenossen einen Garanten für die rechtzeitige Warnung vor Gefahren.

So wie in der Herde das Wächteramt delegiert wird, so verlassen sich selbst fremde Pferde aufeinander. Die Anwesenheit des Kollegen beruhigt, wenn er friedlich seine Runden zieht; sie regt auf, wenn er aufgeregt oder widersetzlich ist.

Ruhe, Gelassenheit und konzentrierte Arbeitsatmosphäre in einer Reithalle wirken ebenso »ansteckend« wie Nervosität, Scheuen oder Ungehorsam. Ein »geladenes« Pferd, das sichtlich unter Spannung steht, kann die gesamte Stimmung in einer Reithalle aufheizen. Und ein Reiter, der sein Pferd ohne Rücksicht auf die Mitreiter straft, herumtoben läßt oder sich in Auseinandersetzungen verwickelt, wird zwangsläufig zum Störfaktor. Aber es muß gar nicht rücksichtsloses Benehmen sein, das andere Reiter in Schwierigkeiten bringt. Schon ein Galopp in freiem Tempo kann ansteckend wirken, erst recht, wenn das Pferd dabei nicht an den Hilfen ist. Auch das Springen kann zum Stein des Anstoßes werden, wenn die Pferde der nichtspringenden Reiter sozusagen aus Sympathie Lufthindernisse erfinden.

Ein Pferd, das an den Hilfen steht, willig durchs Genick tritt und taktmäßig in kontrolliertem Tempo vorwärtsgeht, vermittelt anderen Pferden durch seine Körpersprache, daß es sich vertrauensvoll in die Obhut des Reiters begeben hat. Ein Pferd, das mit hoher Nase gegen die Hand geht, dabei mal bremst, mal stürmt, vermittelt anderen Pferden ebenso deutlich, daß es sich mit seinem Reiter im Clinch befindet. Unerfahrene Pferde können im ersten Schreck solche Kampfansagen auf sich selbst beziehen.

Manche Pferde »kleben« geradezu an ihren Artgenossen, und insbesondere für junge und unerfahrene Pferde ist es durchaus nicht selbstverständlich, daß ein fremdes Pferd die Halle betritt oder wieder verläßt. Grundsätzlich kritisch ist jede Situation, in der ein Pferd allein irgendwo zurückbleiben muß, während alle anderen aus seinem Gesichtsfeld verschwinden – so wie im vorliegenden **Fallbeispiel** (S. 85 unten) die Stute auf dem Studententurnier.

Vorsicht, Herdentrieb!

Auf einem Studententurnier mit Teilnehmern ohne eigenes Pferd werden dringend noch Pferde benötigt. Eine Pferdebesitzerin aus dem Nachbarverein läßt sich überreden, ihr ängstliches und sehr guckiges Dressurpferd zur Verfügung zu stellen. Sie erhält Gelegenheit, die Stute ausgiebig mit der fremden Halle vertraut zu machen.

Die Dressurprüfung unter einer fremden Reiterin verläuft zufriedenstellend. Nach und nach verlassen alle teilnehmenden Pferde die Halle; die Stute soll aber vor dem Verladen noch etwas trockengeritten werden. Wie der Blitz aus heiterem Himmel steigt sie plötzlich, überschlägt sich und begräbt ihre Reiterin unter sich.

Jeder Reiter muß lernen, das grundlegende Zusammengehörigkeitsgefühl der Pferde zu respektieren, will er nicht unter Umständen ungewollt zum Störfaktor oder gar zur Gefahrenquelle für andere werden; und jede praktikable Hallenordnung muß den Anforderungen des »Zusammen Reitens« Rechnung tragen.

In Reih und Glied

Dem starken Herdentrieb der Pferde kommt das Abteilungsreiten am besten entgegen. Da Pferde von sich aus dazu neigen, sich in Sachen Weg, Gangart und Tempo an den Artgenossen zu orientieren, ist es ein einfacher Kunstgriff, sie in eine Abteilung einzubinden. Ein abteilungsgewohntes Pferd fordert viel weniger Kontrolle des Reiters und bietet dem Anfänger daher optimale Einstiegschancen. Er kann sich auf seinen Sitz und die Pferdebewegung konzentrieren und sich in der Regel darauf verlassen, daß sein eigenes Pferd sich nach dem Vorderpferd richtet.

Allerdings hat dieses starke Zusammengehörigkeitsgefühl der Pferde auch seine Kehrseite. Der Herdentrieb läßt sich nicht nach Belieben des Reiters an- und abstellen. Abteilungsgewohnte Pferde suchen geradezu nach dem Schweif des Vorderpferdes und orientieren sich hartnäckig daran. Es kann den Reiter erhebliche Anstrengungen kosten, einen anderen Weg einzuschlagen. »Kleber« werden solche Pferde in der Reitersprache sehr treffend genannt. Sie sind höchst geschickt darin, die heile Welt der Abteilung in jeder Situation wieder herzustellen. Ärgerlich, aber vergleichsweise harmlos ist ihre Weigerung abzuwenden, wenn das Vorderpferd geradeaus geht. Unangenehmer für den Reiter wird es, wenn ein Kleber sich selbst in der Reithalle hartnäckig weigert, irgendwohin zu gehen, wo er gerade kein anderes Pferd vor der Nase hat. Stocken, Stehenbleiben, Rückwärtskriechen, blitzschnelle Kehrtwendungen oder Hakenschlagen sind die bevorzugten Methoden, um wieder in Blickrichtung auf ein anderes Pferd zu gelangen. Im Galopp liegt es nahe, daß ein Kleber losstürmt, bis er wieder ein Vorderpferd erreicht hat.

Auch befreundete Pferde, Stallnachbarn oder Weidekameraden, können in der Reitbahn aneinander kleben. Ein geschickter Reitlehrer vermeidet Provokationen, wie sie in unserem **Fallbeispiel** (S. 87) unbedacht verlangt wurden. Besonders wenn Kinder reiten, die mit ihren begrenzten Körperkräften ausnahmslos auf die Kooperationsbereitschaft ihrer Pferde oder Ponys angewiesen sind, gilt es, geschickte Aufgaben zu stellen. Der Anreiz zum Hinterherrasen ist beispielsweise deutlich geringer, wenn der Einzelreiter gegen die Abteilung galoppiert.

Wo Pferden in freier Natur nur ein schmaler Pfad zur Verfügung steht, sortieren sie sich von selbst in eine Art Abteilung, immer brav eines hinter dem anderen – ein gelegentlich überraschender Anblick. Allerdings ist die selbstgewählte Reihenfolge nicht zufällig; sie wird von der Rangordnung vorgegeben. Diese Tatsache muß beim Zusammenstellen von Abteilungen berücksichtigt werden. Am ausgeprägtesten ist das Abteilungsreiten generell in Schulbetrieben. Jeder erfahrene Ausbilder weiß, daß die Positionen in der Schulpferdeabteilung durchaus nicht austauschbar sind. Für den Erfolg einer Reitstunde ist nicht nur

Kleben in der Abteilung

Auf einem kleinen Vereinsturnier in einem Reiterverein wagen sich viele Reitschüler aus der Ponyabteilung zum ersten Mal in einen Einfachen Reiterwettbewerb. Ein fremder Richter ist eingeladen. Er läßt beim Einzelreiten ein Pony an der Spitze der Abteilung antraben, in der nächsten Ecke angaloppieren und sich hinten wieder an die Abteilung anschließen. Als das erste Pony angaloppiert, schießt das zweite ebenfalls los, strauchelt und fällt in der nächsten Ecke. Wie durch ein Wunder bleiben Pferd und Kind bei diesem Sturz unverletzt.

der gute Têtenreiter ausschlaggebend, sondern auch das richtige Têtenpferd. Unter Schulpferden existiert meist eine ausgeprägte Rangordnung, und jeder Reitlehrer tut gut daran, bei der Festlegung der Abteilungsreihenfolge keine Provokationen aufkommen zu lassen.

In eine solche eingeschworene Gemeinschaft ein neues Pferd einzubinden, geht nicht ohne Auseinandersetzungen. Damit diese nicht in den Reitstunden stattfinden, wie im vorliegenden **Fallbeispiel** (S. 88), muß auf strengsten Sicherheitsabstand nach vorne und nach beiden Seiten geachtet werden. Ebenfalls keine militaristische Forderung, sondern pure Vorsichtsmaßnahme ist die Aufstellung in Reih und Glied beim Auf- und Absitzen. Pferde, die parallel mit ausreichendem Abstand zueinander aufgestellt sind, kön-

Fehlende Disziplin bei der Aufstellung zum Auf- oder Absitzen kann fatale Folgen haben.

Die Gelegenheit ist günstig. Mit dir hab' ich sowieso noch ein Hühnchen zu rupfen ...

Wichtig: Sicherheitsabstand einhalten!

In einem Reitverein wird ein neues, gut ausgebildetes Schulpferd gekauft. Die für den Unterricht eingeteilte Reitschülerin läßt das Pferd direkt hinter dem Anfangspferd gehen, einem sehr selbstbewußten Wallach. Die schwache Reiterin fühlt sich auf dem neuen Schulpferd sichtlich wohl und läßt im Schritt die Zügel durch die Finger rutschen. Das neue Pferd legt zu und versucht, das Têtenpferd zu erreichen. Dieses schlägt mit beiden Hinterbeinen voll aus. Das neue Pferd stoppt abrupt und weicht zurück, die Reiterin verliert das Gleichgewicht und purzelt mit dem Kopf voran direkt in die Reichweite der schlagenden Hinterbeine des Vorderpferdes.

nen sich nicht so leicht gegenseitig verletzen.

Stehen nicht Rangordnungskämpfe und ungestillter Ehrgeiz im Wege, gehen Pferde als gesellige Tiere ausgesprochen gern und gelassen nebeneinander und auch hintereinander her. Jeder Quadrillenreiter kann von der Erfahrung berichten, wie Pferde ganz offensichtliches Vergnügen am Formationsreiten finden. »Kopf an Kopf« ist sozusagen ein Kompromiß in Sachen Rangordnung; keiner übernimmt die Spitze. In diesem Zusammenhang läßt sich auch die Wirkung von Musik auf Pferde beobachten. Da ihre Grundgangarten rhythmisch strukturiert sind, liegt eine passende musikalische Untermalung nahe. Tatsächlich mögen die meisten Pferde Musik, sofern sie nicht zu laut ist. Man kann sogar beobachten, daß manche von ihnen versuchen, ihre Bewegungen auf den Takt der Musik abzustimmen.

Allerdings gibt es immer wieder Pferde, die in einer Quadrille oder auch einfachen Abteilung nur vorne gehen wollen. Es liegt auf der Hand, daß ein junges Pferd die Abteilungssituation leichter kennen und respektieren lernt als ein ausgebildetes älteres. Früher gehörte es zur Grundausbildung eines jungen Pferdes, daß es lernte, sich in eine Abteilung einzufügen. Heute kommt dieser Sozialisationsprozeß im Ausbildungsweg moderner Reitpferde oft nicht mehr vor. Mancher Reiter erlebt dann am Tag seiner ersten A-Dressur, die in der Abteilung geritten wird, eine unangenehme Überraschung. Man kann sich unschwer vorstellen, wieviel schwieriger es unter Umständen sein kann, einem voll entwickelten, selbstbewußten Pferd den Platz hinter einem anderen schmackhaft zu machen.

Ich sehe was, was du nicht siehst

Ein erwünschter Nebeneffekt der Reithalle ist das Aussperren von Außenreizen. In der stets gleichbleibenden Umgebung lassen sich die Pferde nicht so leicht durch etwas ablenken, das sie sehen oder hören. Konzentration auf den Reiter oder Ausbilder kann unter diesen Bedingungen besser erreicht werden.

Hundertprozentig funktioniert dieses Abschotten – vielleicht zum Glück mancher Pferde – allerdings nicht. Das Wetter, selbst wenn es nur gefiltert durch Türen und Fenster dringt, hat einen nicht zu unterschätzenden Einfluß auf die Stimmungslage der Tiere. Knackiger Frost und klirrende Kälte machen alle Pferde putzmunter. Steifgefrorene Reiter auf explosiven Pferden sorgen in den Wintermonaten regelmäßig dafür, daß keine Langeweile aufkommt.

Hitze macht den meisten Pferden weniger aus als uns Menschen. Auf feuchte Schwüle reagieren sie allerdings ähnlich wie wir mit Müdigkeit und Unlustgefühlen. Insbesondere junge, noch wenig trainierte Pferde zeigen bei Turnieren mit unangenehmen Wetterbedingungen regelmäßig Leistungseinbrüche.

Scharfer, stürmischer Wind, der Zweige knacken und knistern läßt, macht viele

So ein Deckengespenst kann Pferd und Reiter stundenlang beschäftigen.

Pferde nervös. Es stört sie instinktiv, daß sie die Außengeräusche nicht mehr zuverlässig selektieren können und damit auch vor unangenehmen Überraschungen nicht sicher sind. Schließlich haben Pferde zwar nicht direkt Angst vor Donner und Blitz, aber auf eine schwüle Gewitterstimmung reagieren viele gereizt – und sei es auch nur aufgrund der hyperaktiven Insekten.

Grundsätzlich werden den Pferden in der Halle natürlich weniger angstauslösende Reize geboten, und es gibt auch weniger Anlässe für ihr Fluchtverhalten – in der Reitersprache »Scheuen« genannt.

Da Pferde sich als eingefleischte Gewohnheitstiere auf die Dauer mit konstanten Umgebungen gelassen arrangieren, kann sich der Reiter unter gleichbleibenden Bedingungen in der Halle vor Schreckreaktionen seines Pferdes sicherer fühlen. Ein gewisses Restrisiko bleibt freilich immer bestehen.

Die Macht der Gewohnheit hat auch ihre Kehrseite. Wenn Pferden stets konstante optische und akustische Bedingungen geboten werden, reagieren sie mit Schrecken auf die winzigste Abweichung vom Normalzustand. Eine Decke über der Bande, ein ungewohnter Sprung in der Reitbahn, eine offene Tür, ein liegengebliebener Bewässerungsschlauch können in Pferdeaugen den Rang von gefährlichen Gespenstern einnehmen.

Wie subtil das Wahrnehmungs- und Erinnerungsvermögen der Pferde ist, belegt unser **Fallbeispiel** (S. 90): Erst nach wiederholten Versuchen stellte sich heraus, daß der Wallach vor zehn Zentimeter langen Kreidestrichen an der Bande scheute, die beim Ausmessen des 40-Meter-Vierecks entstanden waren.

Das Fehlen von Reizen sensibilisiert Pferde geradezu für jede Veränderung. So ist es durchaus kein Widerspruch, daß viele Turnierpferde, insbesondere in Dressurprüfungen, bei Turnieren im heimischen Stall ihren Heimvorteil keinesfalls zu nutzen wissen. Wenn aus ihrer gewohnten Umgebung plötzlich ein Turnierplatz wird, geraten sie völlig aus dem Häuschen. Oft irritiert ein völlig fremder Turnierplatz die Tiere weniger, denn dort gehören Fahnen und Publikum, Absperrungen, Lautsprecher, Musik, Startertafel und Richtertisch eben insgesamt zur neuen Situation. Haben sich Pferde erst einmal generell mit dieser Umgebung abgefunden, stören sie sich auch nicht mehr an ungewohnten Einzelheiten.

Unter diesem Blickwinkel wird es auch verständlich, warum etwa das jährliche Weihnachtsreiten bei Kerzenlicht und ungewohnter Dekoration in der Reithalle für viele Pferde offensichtlich mehr Streß bedeutet als ein Turnierbesuch.

Auf das Reiz-Reaktions-System der Pferde wirkt sich nicht nur eine Überforderung, sondern auch eine Unterforderung nachteilig aus. Bei der Verarbeitung ungewohnter Reize müssen Pferde in Übung bleiben. Wer immer nur unter denselben Bedingungen in der Halle reitet, braucht sich über die mangelnde Kooperationsbereitschaft seines Pferdes nicht zu wundern, wenn er plötzlich irgendetwas anderes von ihm verlangt. Abwechslung und genügend Beschäftigung für die Sinnesorgane sind allemal das bessere Rezept, um ein Pferd ausgeglichen und möglichst scheufrei zu erziehen.

Die Macht der Gewohnheit

In einem Reitverein mit einer 60-Meter-Halle soll ein Turnier ausgetragen werden. Zu den Vorbereitungen gehört auch das Vermessen eines Vierecks 20 mal 40. Es soll am nächsten Tag mit weißen Gattern abgeteilt werden. Zuvor allerdings möchte der Reitlehrer mit seinem S-Dressurpferd noch einmal die große Halle ausnützen. Als er auf die Bande an der langen Seite zureitet, fängt sein Pferd aus unerklärlichen Gründen an zu scheuen.

Im Gelände – wo die Welt am schönsten ist

Nichts liegt dem bewegungsfreudigen Lauftier näher als genügend Bewegung an der frischen Luft. Das Reiten im Gelände, kurz gesagt das »Ausreiten«, ist von allen Formen der reiterlichen Beschäftigung mit dem Pferd mit Sicherheit die artgerechteste. Hier treffen Instinktverhalten des Pferdes und Ansprüche des Menschen ausnahmsweise im gleichen Ziel zusammen. Kein Wunder, daß Ausreiten für die überwiegende Mehrzahl aller Reiter – ob in einem Verband organisiert oder nicht – das Wunschziel der Beschäftigung mit dem Pferd darstellt. Tatsächlich funktioniert – durchschnittlich gesehen – die konfliktfreie Verständigung zwischen Pferd und Reiter im Gelände am besten. Aber hier lauern auch die größten Unfallgefahren, bedingt durch unvorhergesehene Begegnungen aller Art.

Naturnähe in Ballungsräumen?

Spazierengehen im Gelände kann jedes Pferd, unabhängig von Alter und spezieller Ausbildung. In der Forderung nach einer vielseitigen Grundausbildung in der klassischen Reiterei wird der grundlegenden Bedeutung des Geländereitens für ein Reitpferd Rechnung getragen. Mehr noch: Das Gelände ist am besten dafür geeignet, einem Pferd das Reiten spielerisch, unauffällig und konfliktfrei nahezubringen. Ein junges, noch rohes, gerade an das Reitergewicht gewöhnte Pferd kann in einer diszipliniert geführten Pferdegruppe ohne weiteres mitgehen – vorausgesetzt, das Gelände ist geeignet.

Problematisch beim Reiten im Gelände sind am ehesten die Umstände und Bedingungen, unter denen das Ausreiten heutzutage überwiegend stattfindet.

Jedes Bundesland hat über das Bundeswaldgesetz hinaus eigene Regelungen, die das Reiten im Gelände betreffen. Generell ist das Reiten auf Wegen erlaubt; für einige Bundesländer und speziell für Ballungsräume gelten allerdings Einschränkungen. Das Pferd in der Landschaft wird längst nicht mehr als selbstverständliches Kulturgut angesehen.

In Großstadtnähe konkurrieren die Interessen von Reitern mit Spaziergängern, Radlern, Mountainbikern, Motorradfreunden, Hobbyanglern, Modellflugzeug-Fans, Wanderern usw. Reitwege kreuzen nicht nur vielbefahrene Landstraßen, sondern auch Straßen- und Eisenbahnen, führen unter oder über Autobahnen, an Industrieanlagen und beliebten Ausflugszielen vorbei. Die extra ausgeschilderten Reitwanderwege bieten

»Diese Geisterfahrer auf meiner Strecke
können einen rasend machen!«

oft harten und befestigten Untergrund; gesandete Reitwege sind so schmal angelegt, daß keine zwei Pferde nebeneinander gehen können.

All diese Faktoren lassen in dicht besiedelten Gegenden kaum noch naturnahes Reiten zu. Junge Pferde müssen mit aller Vorsicht an die vielfältigen optischen und akustischen Reize gewöhnt werden. Dabei schwebt über jedem Reiter ein Damoklesschwert: Selbst ein harmloser Sturz im Gelände kann katastrophale Folgen nach sich ziehen, wenn sich das herrenlose Pferd allein durch den Straßenverkehr auf den Heimweg begibt.

Geländegang in kleinen Schritten

Glücklicherweise verfügen die meisten Reitanlagen über ein eigenes Außengelände, in dem die Reiter ihre Pferde unter geschützten Bedingungen an die Situation des Draußen-Gehens gewöhnen können. Je größer und vielseitiger ein Außenplatz angelegt ist, desto besser! Kleine Naturhindernisse wie Baumstämme, Gräben oder Wälle sind geeignet, das Pferd Schritt für Schritt auf die neue Situation vorzubereiten. Auch eine ausreichend lange Galoppstrecke sollte vorhanden sein. Auf solchen strukturreichen Außenplätzen können Reiter und Pferd gewissermaßen nach dem Baukastenprinzip sinnvoll trainieren.

Das Verlassen der vertrauten Reitanlage sollte unter strengsten Sicherheitsvorkehrungen eingeübt werden. Unersetzlicher Garant für die Ruhe und Gelassenheit der Youngster im Gelände ist ein älteres, erfahrenes Führpferd. Es ist ein großer Unterschied, ob man ein junges Pferd bzw. einen unerfahrenen Reiter allein oder in solider Pferdegesellschaft erstmalig möglicherweise sogar beängstigenden Situationen aussetzt.

Den Einstieg ins Ausreiten erleichtert eine »Schrittrunde« um die Anlage. Wiederholung, Gewöhnung, allmähliche Vergrößerung des Radius und vorsichtige Steigerung von Gangart und Tempo folgen. Geduld und strikte Risikovermeidung in der Anfangsphase zahlen sich stets aus – das beste Krisenmanagement im Gelände ist, überhaupt keine Krisen aufkommen zu lassen. Pferde zeigen auch in der Begegnung mit Tennisplätzen, Inline-Skatern, Erntemaschinen, Schienenfahrzeugen und ähnlichem mehr eine er-

Gelassenheit und Geschicklichkeit beim Überwinden von Bodenunebenheiten und Miniaturhindernissen gehören zum unverzichtbaren Rüstzeug für ein Geländepferd.

staunliche Anpassungsfähigkeit an eine wenig pferdegerechte Umwelt.

In Zweierreihen

Der Weg des geringsten Widerstandes sind Ausritte zu zweit – die ideale Einstiegssituation, sofern sich die beiden Pferde verstehen. Hinter einem sicheren Führpferd wird ein unerfahrener vierbeiniger Geländeneuling problemlos Aufgabenstellungen bewältigen, die er allein mit Sicherheit zunächst verweigern würde: durch Wasser gehen, einen Graben überwinden oder -springen, an einem furchterregenden Gegenstand nah vorbeigehen usw.

Ausritte in einer größeren Gruppe

Zwei gegensätzliche Seelen wohnen in der Pferdebrust: Der einen kann es nie schnell genug, der anderen nie zu langsam gehen.

kommen dem Instinktverhalten des Pferdes noch mehr entgegen, sollten jedoch gut vorbereitet werden. Wie beim Abteilungsreiten gilt auch hier: Pferde müssen lernen, sich in die Gruppe einzufügen!

Mit zwei grundsätzlich verschiedenen Verhaltensweisen der Youngster muß ein Reiter rechnen:

- Selbstbewußte, ranghohe und temperamentvolle Pferde laufen gerne an der Spitze. Sie weigern sich oft, in der Abteilung zu gehen. Drängeln, Stürmen, Pullen sind die für den Reiter höchst unangenehmen Folgen.
- Ängstliche, nervöse, rangniedere Pferde dagegen weigern sich oft, den Platz an der Spitze der Gruppe einzunehmen, der ihnen von der natürlichen

Rangordnung her nicht zusteht. Dies fällt den Tieren allerdings zu Anfang des Rittes am schwersten. Wenn sie erst gelöst, an die Hilfen gestellt und mit der Situation vertraut sind, kann man ihnen den Platz an der Tête viel einfacher schmackhaft machen.

Beim Ausritt in einer größeren Gruppe müssen sowohl reiterliches Können als auch die Reihenfolge in der Abteilung berücksichtigt werden. Ein einziger Reiter, der sein Pferd nicht unter Kontrolle hat, ein einziges ungehorsames Pferd können einen Ausritt scheitern lassen. Denn beim Ausreiten in der Gruppe ist das Herdenverhalten der Pferde so stark, daß dem einzelnen Reiter viel weniger individueller Spielraum bleibt als etwa auf dem Außenplatz.

Als klassische Anordnung einer großen Reitergruppe gilt das Sortieren in einer Zweierreihe, mit zwei erfahrenen Reitern, die an der Spitze und am Ende der

Abteilung die Gruppe sozusagen im »Sandwich-Pack« zwischen sich halten. Der Anfangsreiter behält die Kontrolle über Weg und Tempo, der Schlußreiter den Überblick über das Geschehen in der Gruppe.

Es ist kein Zufall, daß diese in der militärischen Ausbildung übliche »Marschordnung« sogar Eingang in die Straßenverkehrsordnung gefunden hat. Reiter zählen auf der Straße nicht als Fußgänger und müssen im Regelfall die Fahrbahn benutzen, nicht den Bürgersteig. In größeren Reitergruppen muß auf der Straße zu zweit nebeneinander geritten werden.

Die Anordnung in Zweierreihen kommt dem Geselligkeitsbedürfnis der Pferde optimal entgegen, vorausgesetzt, die passenden Partner gehen nebeneinander. Eifrige, schnellere, gängige Pferde werden selbstverständlich vor ruhigere, phlegmatische Vertreter eingeordnet. Auf spezielle Vorlieben und Abneigungen der Pferde ist dabei unbedingt Rücksicht zu nehmen, sowohl was den direkten Nachbarn als auch den jeweiligen Vorder- oder Hintermann angeht.

Im Gelände sind viele Pferde gehfreudiger und eifriger als in der Reitbahn – ein mögliches zu dichtes Aufreiten sollte nicht zu einer sicheren Katastrophe führen.

Gut geplant ist halb gelungen

Eine gute Planung des Ausrittes, die den natürlichen Bedürfnissen des Pferdes entspricht, bietet die sicherste Erfolgsgarantie. Eine geschickte Wahl von Weg,

Gangart und Tempo gibt den Pferden das Gefühl, sich ausreichend bewegen zu dürfen, ohne ihren Ehrgeiz übermäßig anzustacheln oder sie zu unkontrollierten Entladungen angestauter Spannung zu ermutigen. Das disziplinierte Verhalten aller Beteiligten beim Durchparieren, beim Überqueren von Straßen, beim Abbiegen, im höheren Galopptempo und in allen potentiell gefährlichen Situationen, in denen die Pferde möglicherweise scheuen, minimiert die Unfallgefahr.

Auch beim Geländereiten ist die Macht der Gewohnheit ein nicht zu unterschätzender Faktor. Gewohnte und vertraute Abläufe haben auf Pferde eine wohltuende, beruhigende Wirkung. Alles Neue und Fremde kann Anlaß zu Aufregung bieten. Jeder Erregungszustand setzt die Reizschwelle für das Fluchtverhalten herab. Der Reiter muß sich konsequent darum bemühen, jede Situation zu vermeiden, in der sich das Pferd instinktgemäß aufregen kann.

Wegen des verstärkten Herdenverhaltens in der Gruppe darf man dem Pferd nie das Gefühl geben, allein zurückzubleiben oder nicht mit den anderen mithalten zu dürfen. Soll ein Pferd vorübergehend von der Gruppe lösen, dann muß stets der Einzelreiter von der Gruppe wegreiten, nicht umgekehrt. Auch diese Übung sollte sinnvollerweise in kleinen Schritten trainiert werden.

Bei der Wahl der Gangart muß man in jeder Situation nicht nur die Bodenverhältnisse und den Trainingszustand von Pferd und Reiter berücksichtigen, sondern auch das Verhalten des Pferdes:
- Schritt ist die konfliktfreieste Gangart, zum Kennenlernen jeder neuen Situation, zum Passieren von möglichen

Gefahrenquellen, zum Vorbeireiten an anderen Zwei- und Vierbeinern, zum Klettern in schwierigem Gelände, zur Ausdauerleistung auf Wanderritten.

- In geregeltem Trab kann sich das Pferd als guter Dauerläufer mit großem Lungenvolumen über lange Strecken relativ ermüdungsfrei vorwärtsbewegen. Trab baut Spannungen ab, kommt dem Bewegungsbedürfnis des Pferdes nahe und ist durch seinen einfachen Zweitaktrhythmus die Gangart, in der sich der Reiter am problemlosesten in die Pferdebewegung einfinden kann.

- Galopp ist die Fluchtgangart, in der die Reizschwelle des Tieres herabgesetzt wird und die Erregung spürbar steigt, der Ehrgeiz angestachelt wird und angestaute Spannungen sich am ehesten unkontrolliert entladen. Trotzdem ist Galoppieren im Gelände eines der schönsten Reitervergnügen.

Beim Reiten in der Gruppe ist es wichtig, in jeder Gangart das passende rhythmische Grundtempo zu wählen. Pferde finden nicht zu entspannter Gelassenheit, wenn sie beständig vorwärtsgehetzt oder zurückgehalten werden.

Der starke Herdentrieb in der Gruppe wird draußen angestachelt durch fehlende Abstände, Drängeln, Überholen oder gar Wettrennen. Sicherheitsabstände, rechtzeitiges Durchparieren vor scharfen Wendungen oder Verkehrsstraßen und das Anhalten, bevor Straßen überquert werden, gehören zur unverzichtbaren Disziplin. Das rechtzeitige Anhalten vor herannahendem Verkehr ist eine wichtige Routinemaßnahme, die in unserem **Fallbeispiel** (S. 96) zwei Pferden das Leben gerettet hat. Die Reitpferde blieben wie gewohnt an der Straße stehen, während das unerfahrene Fohlen weitergaloppierte.

Innere Uhr, Kompaß und Barometer

Auch hochgezüchtete Reitpferde sind noch mit vielen Fähigkeiten ausgestattet, die einst den Steppenbewohnern das Überleben in freier Wildbahn erleichterten. Pferde haben einen untrüglichen Ortssinn und eine zweifelsfreie Orientierung. Sie finden stets nach Hause zurück, erkennen jeden Weg wieder, den sie einmal gegangen sind und wissen auf jedem Ausritt genau, an welcher Stelle der Rückweg zum Stall beginnt. Routiniers werden ab diesem Augenblick stets ein wenig schneller wie der Wallach in unserem **Fallbeispiel** (S. 97).

Vorsicht, Straße!

Ein Bauer hält drei Pferde auf einer Koppel, die in der Nähe einer vielbefahrenen Bundesstraße liegt. Es handelt sich um zwei Reitpferde und ein zweijähriges Fohlen. Aus ungeklärter Ursache brechen die Pferde eines Tages von der Weide aus. Auf ihrem Fluchtweg kreuzen sie die Bundesstraße. Zwei Pferde halten vor der Straße, das dritte galoppiert weiter vor ein Auto und verursacht einen schweren Unfall.

Wenn der Rückweg beginnt ...

Ein älterer, in Ehren ergrauter Wallach wird noch gelegentlich als Kutschpferd vor eine leichte Chaise gespannt. Auf seiner gewohnten Tour bewegt er sich zunächst so mühsam vorwärts, daß die Mitfahrer, von Mitleid überwältigt, sogar auf flacher Strecke aussteigen. Sie wollen dem Pferd die schwere Arbeit erleichtern. Ab einem imaginären Punkt auf der Strecke setzt sich der Wallach allerdings eigenmächtig in Trab und pariert erst wieder beim Anblick des heimatlichen Stalles durch zum Schritt.

Ein inneres Barometer macht Pferde auf bevorstehende Wetterumschwünge aufmerksam. Sie sind zwar wetterfester, als sich viele Menschen vorstellen können, aber von Sturm, heftigem Regen und Schneesturm sind sie meist nicht gerade begeistert. Viele Pferde reagieren angespannt auf Gewitterstimmung, sind bei großer Schwüle – die ihnen wesentlich mehr zu schaffen macht als trockene Hitze – faul, reagieren auf knackige Kälte mit ebenso knackiger Laune und stehen unter Hochspannung, wenn ein scharfer Wind draußen Laub rascheln und Zweige knistern läßt. Ihr Instinkt verrät ihnen, daß sie hinter dieser akustischen Tarnung einen potentiell herannahenden Feind überhören könnten. Starkem Sturm dagegen drehen sie ihr Hinterteil entgegen (s. Abb. S. 26) und weigern sich, dem Wind entgegenzusehen.

Eine hartnäckige Insektenplage ist ih-

»Von wegen Schritt reiten – schon mal was von einem echt temperamentvollen Pferd gehört?«

nen mindestens ebenso unangenehm. Ein vierbeiniger Gefährte, der sich ständig mit schlagendem Kopf und peitschendem Schweif gegen die Plagegeister zur Wehr setzt, kann dem Reiter schnell einen Ausritt verderben. Pferde in freier Natur schützen sich durch eine dicke Panierschicht aus getrocknetem Lehm und Schlamm vor Insekten – die sauber geputzten Reitpferde kommen ohne Fliegenschutzmittel nicht zurecht.

Schließlich können viele Pferde rationell mit ihren Kräften haushalten, lassen sich draußen nicht überfordern und signalisieren deutlich, wann der Heimweg angetreten werden soll.

Je höher die Pferde allerdings im Blut stehen, je größer also ihr Vollblutanteil ist, desto eher neigen sie dazu, sich in Aufregung und unkontrolliertes Rennen hineinzusteigern. Dabei sind Mißverständnisse zwischen Pferd und Reiter nicht gerade selten. Was der unerfahrene Reiter als überschäumendes, kaum zu zügelndes Temperament mißdeutet, ist tatsächlich ein Kreislauf aus Erregung und Fluchtverhalten, aus dem heraus dem Pferd kein passabler Ausweg gezeigt wird. Das allerdings bedarf eines Fachmannes oder einer Fachfrau – auch im Sattel.

Über Stock und Stein

Pferde sind wählerisch in Sachen Boden. Harter, unebener, steiniger, zu tiefer oder rutschiger und sehr staubiger Boden können die Gesundheit des gesamten Pferdes, zumindest des Bewegungsapparates einschließlich der Hufe, gefährden. Vor Morast, Schlamm und unbekannten Gewässern warnt sie ihr Instinkt. Manche

jungen Pferde betrachten jede winzige Pfütze als Hindernis, in das sie um nichts in der Welt hineintreten möchten.

Das Zurechtkommen mit verschiedenartigem Untergrund ist Sache systematischer Gewöhnung, die natürlich immer mit Blick auf die empfindlichen Pferdebeine erfolgen sollte.

Alle Pferde können bergauf und bergab klettern, kleine Hindernisse überspringen und schwimmen – Fähigkeiten, die ihren Vorfahren die Flucht in jedem Gelände ermöglicht haben. Natürliche Hindernisse werden daher problemlos gemeistert – vorausgesetzt, sie können nicht direkt umgangen werden. Denn ihr Instinkt warnt die Pferde auch vor unnötiger Kräfteverschwendung.

Kleine Naturhindernisse zu passieren läßt sich sehr gut trainieren. Tatsächlich scheinen viele Pferde Spaß daran zu finden, solche Aufgaben streßfrei zu lösen, das heißt ohne Erregungsdruck und Fluchtinstinkt. Bergauf und bergab, Klettern, Überwinden von Gräben und kleinen Baumstämmen sind interessante Bewegungsformen, die Pferde regelrecht ausprobieren.

Für den Reiter ist es nur von Vorteil, wenn sein Pferd solche Herausforderungen selbständig annimmt. Aufmerksame, umweltorientierte, selbstbewußte Pferde sind im Gelände nicht nur angenehmer, sondern auch sicherer zu reiten: Sie lassen sich durch neue, unerwartete Herausforderungen nicht völlig irritieren und neigen viel weniger zu Schreck- und Panikreaktionen.

Pflicht-Lernstoff für Pferd und Reiter ist das Durchqueren von Wasser, soll ein Ausritt nicht plötzlich an einer großen Pfütze scheitern, die nicht umritten werden kann. Die Wasserscheu der Pferde ist

Kein Problem für ein gelassenes, erfahrenes
Pferd und einen vertrauensvollen, ausbalancier-
ten Reiter ...

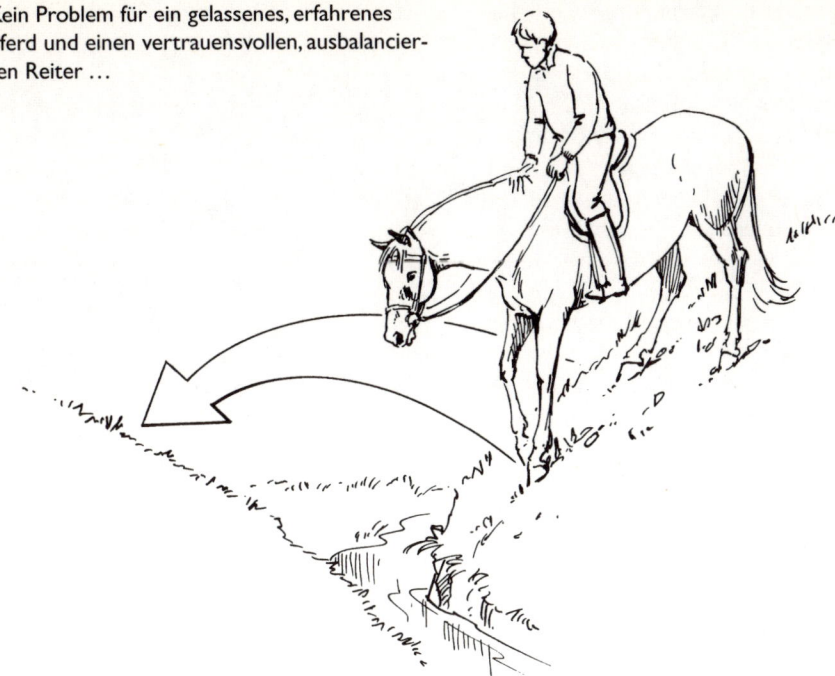

sehr unterschiedlich ausgeprägt. Nur noch wenige Fohlen lernen auf der Weide natürliche Gewässer kennen – überwiegend wird vom Wasserwagen aus getränkt. So kann der erste Versuch, ein junges Pferd durch Wasser zu reiten, ausgesprochen schwierig werden.

Ein kleines, flaches, stehendes Gewässer ist naturgemäß einfacher zu überwinden als ein breites, tiefes und fließendes. Ist die Wasserstelle allerdings nicht breit genug, wird ein Youngster vermutlich zu springen versuchen. Der Studentin in unserem **Fallbeispiel** (S. 99) trug die mangelnde Vorsicht – also Vorhersicht dessen, was passieren könnte – ein unfreiwilliges

Vorsicht ist besser als Nachsicht!

Eine Studentin, die ein junges, ausgesprochen wasserscheues Pferd zur Ausbildung hat, versucht, dieses an das Durchqueren einer Wasserstelle zu gewöhnen. Alle üblichen Techniken, den heftigen Widerstand zu überwinden – Begleitung durch Führpferd, sogar Weggaloppieren der übrigen Pferde – sind erfolglos. Schließlich steigt die Reiterin ab und versucht, das Pferd zu führen. Auf diese Weise gelangt sie bis dicht ans Ufer. Schließlich geht sie dem Pferd voraus und lockt es hinter sich her. Genau in dem Augenblick, in dem sie sich wieder zum Pferd umdreht, springt das Tier los.

Bad, einen Schlüsselbeinbruch und Platz-
wunden ein.

Für die Begegnung mit Wasser wie
auch das Überwinden von Gräben – die
manche Pferde während der Aufzucht als
natürliche Zäune kennengelernt haben –
ist ein sicheres Führpferd das probateste
Mittel, die Situation zu entschärfen.

Leider haben hierzulande Trainings-
möglichkeiten für einfache Geländehin-
dernisse, die auch Reiter und Pferd mit
Hemmungen vor Sprüngen problemlos
überwinden können, eher Seltenheitswert. Man kann allerdings jedem Geländereiter nur empfehlen, mit seinem Pferd
einmal ein entsprechendes Trainingsgelände für Vielseitigkeitspferde aufzusu-
chen. Abseits von allem Ehrgeiz in der
Hinsicht auf Springen lassen sich hier Situationen simulieren, wie sie in jedem
natürlichen Gelände vorkommen können. Zwei- oder Vierbeiner, die mit solchen Aufgaben nicht vertraut sind, laufen
Gefahr, risikoreiche Konflikte heraufzu-
beschwören.

Wer auf das typische Scheuen eines Pferdes gefaßt ist, kommt nicht so leicht in »Wohnungs-
not«.

Nichts wie weg

Nirgendwo ist der Fluchtinstinkt des Pferdes so präsent und so gefährlich wie im
Gelände. Viele Anlässe zum Scheuen sind
jedoch vorhersehbar. Vor landwirtschaft-
lichen Maschinen, riesigen Wasserspren-
gern, glitzernden Siloplanen, flatternden
Vogelscheuchen oder herumtobenden
Rindern wird ein geübter Geländereiter
genausoviel Respekt entwickeln wie sein
Pferd. Meist können solche Begegnungen
durch Einhalten eines Sicherheitsabstan-
des entschärft werden.

Reiter könnten dicke Bände füllen mit
der Aufzählung dessen, wovor ihre Pferde plötzlich und unerwartet Angst bekommen.

Die Reizschwelle und die typische Reaktion können bei unterschiedlichen Pferden erstaunlich vielfältig ausgeprägt sein.
Bevorzugt scheuen sie vor optischen Reizen, Geräuschen, gelegentlich auch vor
Gerüchen. Deutlich lassen sich mehr au-
gen- oder mehr ohrenorientierte Pferde
unterscheiden. Guckige Pferde, die wegen jeder Kleinigkeit »glotzen«, wie es im
unschönen Reiterjargon heißt, scheuen
manchmal hingegen bei unbekannten Ge-
räuschquellen überhaupt nicht. Umgekehrt gibt es Pferde, die an unbekannten
Gegenständen gelassen vorbeigehen, aber

AUF EINEN BLICK

Was kann ich tun, wenn mein Pferd scheut?

- Einen perfekten Schutz vor dem Tierrisiko »Scheuen« gibt es nicht. Aufmerksamkeit und Konzentration sind der beste Schutz vor unangenehmen Überraschungen.
- Wer gelernt hat, mit Pferdeaugen zu sehen, wird auch manche Fluchtreaktion vorhersehen können.
- Ein Pferd, das regelmäßig mit vielfältigen Außenreizen konfrontiert wird, gerät weniger leicht aus der Fassung. Die Begegnung mit befremdlichen Gegenständen (Tonnen, Schirmen, Flatterbändern, Autoreifen usw.) läßt sich an der Hand und unter dem Sattel lernen.
- Ein aufgeregtes, ängstliches, fluchtbereites Pferd verlangt nach einem ruhigen, gelassenen, geduldigen, aber bestimmten Gegenüber.
- Strafe macht Furcht nur schlimmer!
- Die Annäherung an einen furchterregenden Gegenstand soll ruhig, aber zügig geschehen. Zögern des Reiters signalisiert dem Pferd Unsicherheit.
- Manche Vorbehalte eines Pferdes lassen sich durch Beschnuppern entschärfen.
- Zu echten Gefahrenquellen (z. B. Fahrzeugen) unbedingt einen Sicherheitsabstand einhalten. Unter dem Sattel wird das Pferd dabei gegen die Gefahr gestellt, der Kopf also leicht weggewendet.
- Je nach Situation und Ausbildungsstand von Pferd und Reiter ist es im Sattel oder zu Fuß neben dem Pferd sicherer. Absteigen kann hilfreich sein, reduziert aber die mögliche Einflußnahme auf das Pferd.
- Kompetentes Reiten kann eine Scheu-Situation entschärfen. Starres Festhalten am Zügel dagegen bewirkt das Gegenteil: Pferde brauchen ungehinderte Rundumsicht, um ihrem eigenen Sicherheitsbedürfnis zu genügen.
- Scheuen ist der am meisten gefürchtete Konfliktanlaß zwischen Mensch und Pferd. Aber gemeinsam überwundene Konflikte lassen auf beiden Seiten Vertrauen und Selbstbewußtsein wachsen.

schon beim Geräusch eines kehrenden Besens in die Luft gehen.

Bodenscheue Pferde schließlich machen einen Bogen um alles, was ihnen am Boden unheimlich erscheint oder springen darüber: jede Pfütze, jeder Ast, sogar jeder Lichtfleck.

Das Erschrecken und der Beginn des Fluchtverhaltens läuft ebenfalls nach individuellem Muster ab. Möglich sind etwa Zusammenzucken, Stocken, Stehenbleiben, Rückwärtskriechen, auf der Hinterhand kehrtmachen, zur Seite drängeln, auf der Stelle steigen, Buckeln, Blitzstart, Bocken und Kombinationen dieser Verhaltensweisen.

Jedes Pferd hat typische Scheumuster; diese zu kennen, ist zwar keine Versicherung, aber eine Hilfe für den Reiter. In Krisensituationen zahlt sich reiterliche Kompetenz aus. Je wohler ein Pferd sich unter seinem Reiter fühlt, je sicherer es seinen Hilfen gehorcht, desto größer ist die Chance, daß sich das Pferd auch im Konfliktfall beruhigen läßt. Kann man einer Gefahr nicht mehr ausweichen, so nähert man sich ihr auf jeden Fall im Schritt. Der Kopf des Pferdes sollte dabei etwas von der Gefahrenquelle weggewendet sein. In der klassischen Reitausbildung wird gelehrt, das Pferd gegen die Gefahr zu stellen (s. Abb. S. 101).

Wie alle Krisensituationen kann ein ruhiges Führpferd auch diese entschärfen. Eines muß allerdings strikt vermieden werden: Die Gefahr darf auf keinen Fall zwischen eine Pferdegruppe geraten. Wenn der Herdentrieb über das Fluchtverhalten siegt, hält ein Pferd fatalerweise die Gefahr für das kleinere Übel – so wie es in unserem **Fallbeispiel** (S. 102) geschehen war.

Immer zusammenbleiben!

Auf einem Wanderritt benutzen drei Reiter mangels besserer Strecken eine Landstraße ohne befestigtes Bankett. Als sich ein großer Lastwagen geräuschvoll nähert, werden die Pferde unruhig. Die Reiter sehen auf der anderen Straßenseite eine rettende Einbuchtung und überqueren schnell die Fahrbahn, um sich dorthin zurückzuziehen. Ein Pferd gehorcht seinem Reiter nicht und bleibt tänzelnd und schnaubend auf der rechten Seite, während sich der Lastwagen bedrohlich nähert. In letzter Sekunde schießt das Pferd los, seinen Gefährten nach – mitten vor den Laster.

Auf dem Turnier – unter Leistungsdruck

Turniere bzw. Wettkämpfe aller Art mit Pferden dienen der Unterhaltung und dem Vergnügen von Reitern, Fahrern oder Zuschauern. Je besser die Pferde dabei mitspielen, desto besser geht es ihnen. Leistungspferde aller Disziplinen werden nicht nur gefordert, sondern auch umsorgt und gehätschelt.

In allen Wettkampfdisziplinen, in denen Pferde an den Start gehen, muß stets ein Anknüpfungspunkt zum natürlichen Verhalten vorhanden sein. Fluchtverhalten, Lauffreude, Imponiergehabe, Spieltrieb, Bewegungsvielfalt – diese Eigenschaften standen Pate bei der Entwicklung der Regeln für Dressur- oder Springsport, Rennen, Polospiel, Military, Fahren, Western- oder Distanzreiten. Die Turniere selbst, also das Zusammentreffen von vielen verschiedenen Pferden an einem fremden Ort, sind allerdings eine höchst künstliche Angelegenheit. Leistungsdruck für Pferd und Reiter in ungewohnter Umgebung bietet allerhand Zündstoff in Sachen Verhalten.

Der Weg in die Fremde

Der Besitz eines Pferdehängers ist für den Turnierteilnehmer fast schon ein »Muß«. Ohne eine unabhängige Transportmöglichkeit kann Leistungssport selbst auf der untersten Ebene kaum realisiert werden.

In der Regel lernen Pferde den Anhänger bereits als Fohlen kennen. Vorbei sind die Zeiten, in denen Fohlenbrennen und Stutbuchaufnahmen beim Züchter vor Ort durchgeführt wurden. Heute sind Fohlen- oder Stutenschau eine unvermeidbare Pflichtveranstaltung für den Nachwuchs in allen großen Pferdezucht-Verbänden.

Viele Fohlen fahren sogar zu ihren Sommerweiden und zum Winterquartier. Vielfach erfordern auch Untersuchung und Behandlung durch den Tierarzt einen Autotransport.

So wie der Führerschein bei Zweibeinern heute zur Selbstverständlichkeit geworden ist, gehört es zur guten Kinderstube eines Pferdes, daß es sich verladen läßt.

Selbstverständlich ist der beengte, wacklige und laute Raum im Innern eines Pferdehängers kein attraktiver Aufenthaltsort für ein Fluchttier. Es erfordert viel Geduld und Zuwendung, um einem Pferd das Betreten des Anhängers über die Rampe schmackhaft zu machen.

Generell ist das Verladen viel einfacher, wenn zwei Pferde zusammen fahren. Hinter einem Führpferd lernt der Youngster das Betreten des Hängers leichter, und geteiltes Leid auf der Fahrt ist halbes Leid. Man kann öfter beobachten, daß selbst nicht gerade befreundete Pferde nach einer gemeinsamen Fahrt viel mehr Zusammengehörigkeitsgefühl entwickeln.

So lernen Pferde auch das Betreten großer Turniertransporter, deren lange, steile Rampe zunächst abschreckend wirkt. Im Vollblutsport haben sich daher auch natürliche Verladerampen eingebürgert, die den Pferden ermöglichen, ebenerdig in den Transporter einzusteigen – eine hervorragende Konfliktvermeidungsstrategie.

Die größten Gefahren für Pferd und Mensch bietet nämlich nicht der Transport selbst, sondern das Ein- und Ausladen. Beim hektischen Springen von der Rampe hat sich schon manches Pferd verletzt. Pferdeführern sei dagegen das Tragen von Handschuhen empfohlen: Die typische Menschenverletzung beim Führen sind Hautabschürfungen oder Verbrennungen in der Handfläche, entstanden durch die Reibungswärme eines Führstricks. Ein sensibler Augenblick ist der Moment, in dem ein Pferd den Hänger betreten hat und die Querstange hinter ihm noch nicht geschlossen ist. Das Gefühl, in die Enge getrieben zu sein, kann das Tier zum blitzartigen Rückzug veranlassen. Dieses Zurückspringen ist höchst gefährlich für alle Beteiligten. Beim Verladen mit Hilfe von einer oder zwei Longen ist es sinnvoll, die Longe quer hinter dem Pferd gespannt zu halten, bis die Querstange befestigt ist.

Das gilt noch mehr für den Fall, daß die Trennwand zuvor schräggestellt wurde, um den Einstieg zu erleichtern. Belohnungsfutter und ein Heunetz können den Aufenthalt im Hänger schmackhaft machen – aber manch ängstlicher Vierbeiner verweigert dieses Angebot hartnäckig, wie auch den unterwegs vorgehaltenen Wassereimer.

Das Fahren eines Anhängers oder Transporters erfordert eine vorausschauende, rücksichtsvolle Fahrweise. Das Durchfahren von Kurven muß sozusagen neu gelernt werden. Bei plötzlichem, scharfem Bremsen können Pferde das Gleichgewicht verlieren. Bergab, besonders in überhöht ausgebauten Kurven, reicht das Gewicht eines Zwei-Pferde-Hängers (bis 1900 Kilogramm) aus, um einen Pkw ins Schlingern zu bringen.

Höchst gefährlich ist es, wenn Pferde unterwegs im Hänger Platzangst bekommen. Panisches Verhalten in dieser Enge geht nicht ohne gravierende Verletzungen ab. Ein tobendes Pferd muß, so schnell wie unter Vermeidung unkalkulierbarer Risiken (etwa auf der Autobahn) möglich, ausgeladen werden. Spätestens in so einem Moment wird dem Pferdebesitzer klar, warum so nachhaltig empfohlen wird, keine Fahrten allein mit einem Pferd zu unternehmen.

Wenn es überhaupt gelingt, ein solches Pferd wieder in den Hänger zu locken, dann braucht es unbedingt mehr Platz. Ein überbreiter, höherer Hänger wird vielleicht von dem Pferd akzeptiert. Ansonsten bleibt nur die Möglichkeit, mit quergestellter (und so befestigter!) Trennwand zu fahren.

Auch beim Ausladen können sich Probleme einstellen. Es kommt vor, daß Pferde sich hartnäckig weigern rückwärtszugehen. Die Industrie hat darauf mit dem Angebot von Hängern mit vorderer Ausstiegsrampe reagiert. Billiger ist es, das Rückwärtstreten an der Hand vor dem ersten Verladen des Pferdes in aller Ruhe zu üben.

AUF EINEN BLICK

Wie verlade ich mein Pferd richtig?

- Natürliche Begrenzungen für die Rampe ausnutzen
- An einer Wand entlang parken
- An einer natürlichen Rampe parken
- In Zweifelsfällen mindestens zu dritt arbeiten
- Zwei Longen einsetzen (siehe Zeichnung)
- Führpferd vorangehen lassen
- Trennwand zunächst schräg stellen
- Futtereimer, Belohnungsfutter bereitstellen
- Licht hereinlassen (Beleuchtung oder vordere Klappe öffnen)
- Plane ein Stück hochklappen
- Den Übergang auf die Rampe durch Vorsetzen der Füße erleichtern
- Beim Ausladen Rampe seitlich absichern

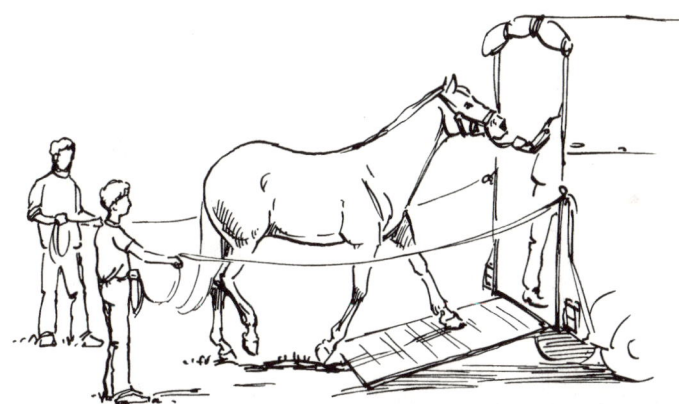

Verladen zu dritt mit zwei Longen (nach Linda Tellington-Jones) ist eine bewährte Methode dafür, Konflikte bereits im Vorfeld zu vermeiden.

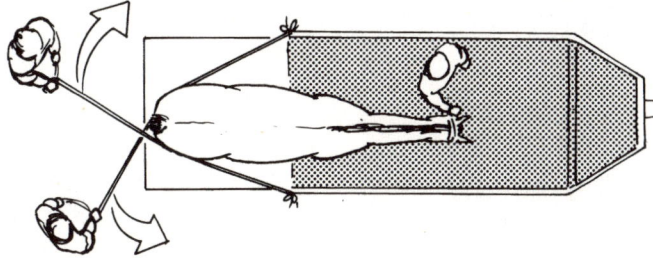

Auch das Gegenteil kann eintreten: Manchen Pferden geht es gar nicht schnell genug aus dem Hänger. Besonders kritisch ist die Situation beim Ausladen von zwei Pferden. Das im Hänger verbleibende Pferd drängt zu seinem Artgenossen, der in keinem Fall außer Sichtweite geführt werden sollte. Auf jeden Fall muß die Rampe beim Ausladen durch Helfer seitlich gesichert werden, damit das rückwärtsgehende Pferd nicht aus Versehen zur Seite drängelt und den Halt verliert.

Auf Turnieren ist es manchmal nötig, daß ein Pferd alleine im Anhänger bleibt. Will man ein junges Pferd an diese Situation gewöhnen, dann ist es besser, das Pferd zunächst mit auszuladen und später wieder in den Hänger zu stellen. Alleine zurückzubleiben ist aus Pferdesicht sehr viel schwieriger!

In der Fremde

Für das Gewohnheitstier Pferd ist jede fremde Umgebung zunächst einmal potentiell gefährlich. Ob im neuen Stall, beim Reiturlaub, in der Tierklinik, im Stallzelt oder in der ungewohnten Reithalle – ein Vierbeiner muß sich erst davon überzeugen, daß vertrauenerweckende Außenreize überwiegen.

Wie lange diese Anfangserregung dauert, ist individuell verschieden. Ob ein Pferd sich auf einem Turnierplatz wohl fühlt, hängt in allererster Linie von seinem individuellen Charakter und Temperament ab. Selbstbewußte, gelassene, neugierige, umweltorientierte, selbst phlegmatische Pferde reagieren positiver auf den unumgänglichen Streß als ängstliche, nervöse, schreckhafte oder rangniedere Tiere.

In zweiter Linie liegt es am Pferdehalter, dem Pferd die fremde Umgebung so angenehm wie möglich zu gestalten. Der Leistungsdruck auf Turnieren, unter dem nicht nur die Vier-, sondern auch die Zweibeiner stehen, wirkt sich dafür leider häufig verhängnisvoll aus. Reiter, die überaus aufgeregt sind, verlieren die Fähigkeit zur sensiblen Wahrnehmung der Bedürfnisse ihres Pferdes.

Dabei hängt der Turniererfolg nicht nur vom Leistungsvermögen eines Pferdes ab, sondern mindestens ebenso von der Leistungsbereitschaft unter Streß. Spitzenpferde leben nicht von einmaliger, sondern konstanter Höchstleistung unter wechselnden Bedingungen.

Jeder Reiter sollte in eigenem Interesse seinem Pferd den Turniertag so angenehm wie möglich gestalten. Viel Ansprache, Pflege und Grasenlassen an der Hand sind ein gutes Gegengewicht zu der geforderten Leistung.

Man kann tatsächlich beobachten, daß es Pferde gibt, die außerordentlich gern auf Turnieren sind. Sie scheinen die Abwechslung zum oft langweiligen Alltag regelrecht zu genießen. Alte Turnierhasen erwecken manchmal den Eindruck, erst vor Publikum zu ihrer Höchstform aufzulaufen.

Es gibt jedoch auch Pferde, für die selbst bei längerer Gewöhnung die negativen Streßfaktoren überwiegen. Vollblüter gehen nicht mehr in die Startboxen, Turnierpferde reagieren mit Futterverweigerung, starkem Schwitzen und Durchfall. Nicht jedes Pferd ist ein Wettkampftyp – wie auch nicht jeder Reiter. Hier müssen grundsätzlich andere Ziele ins Auge gefaßt werden, sollen Pferd und Reiter sich nicht gegenseitig unglücklich machen.

»Beifall ist des Künstlers Hafer!«

Turnieralltag

Die verschiedenartigsten Turniere haben eines gemeinsam: Viele fremde Pferde kommen auf engem Raum zusammen. Vierbeinige Routiniers lassen – etwa im Gewimmel eines Abreiteplatzes – vergessen, wieviel Zündstoff in Sachen Pferdeverhalten diese Situation birgt. In Stallzelten, beengten Behelfsunterkünften, am Abspritzplatz treffen fremde Pferde dicht aufeinander.

Abreiteplätze sind oft überfüllt, aufgeregte Reiter schauen weder nach links noch nach rechts. Bei der Ehrenrunde schließlich brechen auch bei erfahrenen Turnierpferden Ehrgeiz und Fluchtinstinkt durch. Spektakulär war der Unfall des Ausnahme-Dressurpferdes »Rembrandt« von Nicole Uphoff. Der Wallach wurde bei der Siegerehrung der Deutschen Meisterschaften von einem Springpferd schwer verletzt.

Sicherheitsabstand zu fremden Pferden und zum Publikum ist die wichtigste Forderung, die man aus der Sicht des Instinktverhaltens allen Turnierteilnehmern ins Stammbuch schreiben möchte. Ein vermeidbarer tödlicher Unfall, wie in unserem **Fallbeispiel** (S. 108), sollte sich nicht wiederholen.

Schon im Tierschutzgesetz ist verankert, daß niemand einem Tier Leistungen abverlangen darf, zu denen es offensichtlich nicht in der Lage ist. Wo persönlicher Ehrgeiz und vor allem immer mehr Geld im Spiel sind, wird gegen diese Forderung oft genug verstoßen.

Es sollte selbstverständlich sein, daß ein Pferd für die im Wettkampf geforderte Leistung ein Mindestmaß an Talent sowie die entsprechende Ausbildung, Konstitution und Kondition mitbringt. Wo diese Voraussetzungen nicht erfüllt sind, ist es nur ein kleiner Schritt zur Tierquälerei. Damit das Pferd die Leistungsfreude und -bereitschaft nicht verliert, muß jede Überforderung vermieden werden. Das gilt für den jeweiligen Einsatz genauso wie für die langfristige Planung. Erfolg im Leistungssport setzt nicht nur gutes Reiten, sondern auch gutes Management voraus.

Sicherheitsabstand einhalten!

Ein junger Springreiter nimmt seine neue Freundin ohne jede Pferdeerfahrung zum ersten Mal mit aufs Turnier. Damit sie sich nicht nur als überflüssige Zuschauerin vorkommt, läßt er sie auf dem Abreiteplatz eines seiner Pferde führen. Sie geht mit dem Springpferd an der Hand hinter einem an der Umzäunung angebundenen Pferd entlang. Das schlägt aus und trifft sie mit voller Wucht im Unterbauch.

Pferdeverhalten beeinflussen

Wer das natürliche Verhalten eines Pferdes beeinflussen will, muß wissen, was er von einem Pferd verlangen will. Denn die natürlichen Instinkte der Pferde sind Reitern bei der Ausbildung von Freizeit- und Sportpferden oft mehr im Weg, als daß sie nützen.

Reiten – die natürlichste Sache der Welt?

Tierschützer und Reiter streiten mit Vehemenz über die Frage, ob den Pferden die Verwendung als Reittier sozusagen biologisch in die Wiege gelegt oder von rücksichtslosen Zweibeinern aufgezwungen wurde. Während die Extremisten unter den Tierschützern nur noch glückliche Pferde auf der Weide gelten lassen möchten, sprechen die Extremisten unter den Reitern solchen Pferden jede Existenzberechtigung ab.

Eine Tatsache ist, daß unsere modernen Reitpferde, ganz gleich welches Brandzeichen sie auch tragen mögen, ein künstliches Produkt jahrhundertelanger züchterischer Bemühungen sind. In der Natur sind Equiden dieser Größenordnung offenbar nicht vorgesehen. Alle wildlebenden Rassen, die auf Selbstversorgung in freier Natur angewiesen sind,

erreichen nicht mehr als gute Ponygröße (bis ungefähr 1,50 Meter). Beobachtungen haben gezeigt, daß verwilderte Pferde größerer Rassen in wenigen Generationen auf dieses handliche Format zurückschrumpfen.

Rittigkeit – also die Fähigkeit und Bereitschaft, einen Reiter zu tragen – ist immerhin ein jahrhundertealtes Zuchtziel. Selbst wenn Wildpferde in der freien Natur sicherlich nicht von einem Reiter träumen, sind doch unsere modernen Reitpferde ganz offensichtlich in der Lage und vielfach auch willens, mit einem Menschen auf ihrem Rücken Erstaunliches zu vollbringen. Allerdings können sie das, ohne Schaden zu nehmen, nur auf der Grundlage einer fachgerechten, systematischen Ausbildung.

Sicher ist es der Traum jedes Tierfreundes, die natürlichen Bedürfnisse und Fähigkeiten seines Tieres zu respektieren. Am besten läßt sich diese Forderung in einer Ausbildung erfüllen, die sich an den natürlichen Instinkten des Tieres orientiert, wie beispielsweise die Schutzhundeausbildung.

Reiter hingegen müssen der unromantischen Tatsache ins Gesicht sehen, daß sich ein Teil der Pferdeausbildung gerade damit beschäftigt, den Pferden ihr Instinktverhalten abzugewöhnen. Denn das Verhalten dieser Tiere kann Menschen in

Der Umgang mit dem Pferd fordert ungeteilte Aufmerksamkeit ...

erhebliche Gefahr bringen, wenn sie nicht gelernt haben, die Forderungen des Menschen zu respektieren.

Risikofaktor Nummer Eins für den Menschen sind die Fluchtreaktionen des Pferdes. Die Aufzählung all der Dinge, vor denen Pferde urplötzlich heftige, ja panische Angst entwickeln können, würde ein eigenes Buch füllen. Mit der Reaktionsgeschwindigkeit eines Fluchttieres kann kein Mensch Schritt halten.

Der Umgang mit dem Pferd erfordert beständige Aufmerksamkeit, wache Beobachtung der Umgebung und Konzentration auf die Reaktion des Pferdes. Dennoch bleibt immer ein Restrisiko, das aus dem Tierverhalten resultiert. Die Sinneswahrnehmung des Pferdes ist ungleich schärfer als die des Menschen, die Reaktion ungleich schneller.

Striktes Einhalten aller Regeln zur Si-cherheitsvorkehrung auch im Umgang mit gut vertrauten Pferden ist die beste Maßnahme zur Unfallverhütung. Vertrauen und Gewöhnung sind die beiden Faktoren, die dem Pferd ermöglichen, Verhaltensweisen zu erlernen, die ihrem natürlichen Verhalten entgegenstehen. Druck und Zwang dagegen lösen einen Teufelskreis von Angst, Fluchtversuch, Sturheit und Widersetzlichkeit aus.

Setzen Sie auf das richtige Pferd!

Wer Pferde ausbilden will, muß sozusagen die Pferdesprache sprechen, sonst sind die Erfolgsaussichten für eine dauerhaft tragfähige, störungsfreie Kommunikation gering. Das gilt für die Erziehung von unten genauso wie für die Ausbildung unter dem Sattel.

Ein eher verhängnisvoller Trend im Reitsport treibt zunehmend mehr pfer-

AUF EINEN BLICK

Verhalten und Ausbildung

- Das Aufwachsen in der Herde in natürlicher Umgebung ist die Grundvoraussetzung für ausgeglichenes Verhalten.
- Vertrauen zum Menschen wird in den ersten Lebensmonaten aufgebaut. Fehlende oder nicht fachgerechte Fohlenerziehung kann später kaum noch kompensiert werden.
- Ausbildung ist kein Experimentierfeld, sondern Sache eines Fachmannes – sowohl im Umgang mit dem Pferd als auch beim Reiten.
- Ruhige, behutsame Gewöhnung an vielfältige Außenreize und ungewohnte Situationen schafft Vertrauen.
- Alltägliche Abläufe müssen nach festen Regeln eingeübt und ritualisiert werden. Gewohnheit schafft Verhaltenssicherheit.
- Schreck- und Angstreaktionen des Pferdes dürfen nicht bestraft werden.
- Mögliche angstreduzierende Maßnahmen: Beruhigung durch Stimme und Körperkontakt, Ausnutzung des Neugierverhaltens, Beruhigung durch Pferdegesellschaft, Reduzierung der Anforderungen.
- Ermutigung, Lob und Belohnung sind effektiver als Zwang und Strafe.
- Strafen können überhaupt nur dann nützen, wenn sie maßvoll so unmittelbar und direkt auf den Ungehorsam hin erfolgen, daß das Pferd beides in Zusammenhang bringen kann.

defachliche Laien zum Erwerb junger Tiere. Unbestritten haben die Youngster eine ganz besondere Ausstrahlung: Sie sind eher bereit, sich auf Menschen einzulassen, und reagieren oft in aller Unbefangenheit erstaunlich zutraulich und positiv auf alle Forderungen. Ein Laie vermag allerdings keineswegs die unweigerlich kommenden Krisen vorherzusehen, noch beherrscht er das nötige Krisenmanagement. Unfallträchtige Situationen sind vorprogrammiert. Wenn es durch glückliche Umstände dazu nicht kommt, schleifen sich auf Dauer bestenfalls schlechte Kompromisse zwischen den Wünschen des Menschen und der Reaktion des Pferdes ein. Schon bei der Wahl des passenden Pferdes ist jeder Reiter gut beraten, das eigene Know-how richtig einzuschätzen. Junge Pferde und unerfahrene Besitzer passen nicht zusammen. Ein stabiles Verhalten ist erst zu erwarten, wenn ein Pferd ausgereift und seine Grundausbildung abgeschlossen ist. Ältere Pferde lassen viel eher ein gleichmäßiges, gefestigtes Benehmen erwarten, auf das sich der Reiter einstellen kann. Angesichts der großen Bandbreite von Temperament, Charakter und individuellen Eigenheiten der Pferde sollte jeder potentielle Pferdebesitzer rechtzeitig und möglichst emotionsfrei überlegen, welches Pferd zu ihm passen könnte – unabhängig von der Frage des reiterlichen Ausbildungsstandes, der mit dem eigenen Können abgestimmt werden muß.

»Dieser Zweibeiner würde mich glatt verhungern lassen!«

Extreme Unterschiede offenbart ein Vergleich zwischen den naturnahen Robustrassen, denen man die Verwandtschaft mit ihren wildlebenden Vorfahren noch ansieht, und den durch jahrhundertelange Zuchtselektion geformten Spezialrassen wie Arabisches oder Englisches Vollblut.

Robustpferde: Alle Robustpferde zeigen ein ausgeprägtes und ausgeglichenes Instinktverhalten. Sie sind sozusagen imstande, bestmöglich für ihr eigenes Wohlergehen zu sorgen. Das schließt unter Umständen auch die Ablehnung unangenehmer Forderungen von seiten des Menschen ein.

Viele Robustpferde verfügen über ein angstfreies, gelassenes Selbstbewußtsein, gelegentlich verbunden mit einem ausgeprägten Spieltrieb, wie bei den liebenswerten, schlitzohrigen Shetlandponys. Gestaltet sich die Ausbildung mit diesen

Pferden wegen ihrer Gelassenheit und relativen Scheufreiheit in vielen Punkten unproblematisch, so ist es doch durchaus nicht selbstverständlich für sie, den Menschen in jeder Situation als ranghöheres Wesen anzuerkennen. Die berühmte Zirkusnummer, in der ein kleines Shetlandpony als einziges keinen Respekt vor der Peitsche des Zirkusdirektors hat, ist kein Zufall, sondern ein treffendes Klischee.

Die Ausbildung dieser Pferde erfordert kompetente und selbstbewußte Fachleute. Haben diese Vierbeiner erst einmal gelernt, die Forderungen des Menschen zu respektieren, dann sind sie angenehme, höchst verläßliche Gefährten, oftmals jedoch auch eine Spur phlegmatisch. Das kann sie gelegentlich daran hindern, sich bei der Arbeit mehr als unbedingt nötig anzustrengen.

Robustpferde gelten als die cleversten aller Pferde. Sie schätzen ihr Gegenüber mit unfehlbarer Sicherheit richtig ein.

Wenn auch manche dieses Wissen bei passender Gelegenheit schlau ausnutzen, so sind die meisten doch geduldig und menschenfreundlich.

Vollblüter: Das andere Extrem im Verhalten bieten die hochgezüchteten Spezialrassen wie Arabische oder Englische Vollblüter. Gerade letztere, die seit der Gründung des Stutbuchs nur auf Rennleistung hin selektiert gezüchtet wurden, zeigen generell eine außerordentlich niedrige Reizschwelle, hohe Erregbarkeit und extreme Fluchtneigung. Manche Rennpferde machen auch beim Rennen einen nahezu panischen Eindruck, sind zumindest äußerst erregt; andere verstehen ganz offensichtlich das Rennen als ritualisiertes, gern gespieltes Spiel.

Solche Pferde sind überaus sensibel und empfindlich, oft anhänglich und menschenfreundlich, aber jederzeit blitzschnell auf der Flucht. Passende menschliche Partner brauchen große Erfahrung, Sensibilität, Verhaltenssicherheit und sehr gute Reaktionen. Begreiflicherweise eignen sich hoch im Blut stehende Pferde nicht für Anfänger oder ungeschickte Reiter mit Balanceproblemen.

Die Suche nach dem Goldenen Mittelweg zwischen Phlegma und Sensibilität ist nicht einfach. Dennoch sind Ausgeglichenheit und Scheufreiheit Eigenschaf-

»Vergiß es! Ich habe einen Ruf zu verlieren – schließlich geht mein Stammbaum lückenlos auf eine der fünf Stuten Mohammeds zurück ...«

ten, die sich bei einem Reitpferd auf die Dauer in jedem Fall bezahlt machen.

Ängstliche und nervöse Pferde sind am schwierigsten zu handhaben und am wenigsten verläßliche Partner. Guckige und überinteressierte Pferde dagegen können sich durchaus zu angenehmen Reitpferden entwickeln, aber nur unter sicheren Reitern und nur wenn es gelingt, ihr Interesse auf eine konkrete Aufgabe zu lenken und ihre Durchlässigkeit für die Reiterhilfen auch in kritischen Situationen zu verbessern.

Das ideale Pferd für jedermann/frau ist selbstbewußt, aber gehorsam, aufmerksam, ohne ängstlich zu sein, intelligent, ohne zu scheuen, freundlich und aufgeschlossen, ohne zu kleben, fleißig, ohne sich zu erregen, talentiert und zu jeder Anstrengung im Dienste des Menschen bereit ... Es hat nur einen winzig kleinen Kunstfehler: Es existiert ausschließlich als Phantasieprodukt. In der Realität gilt es, mit Kompromissen zu leben.

Dennoch würden viele Fehlkäufe im Reitsport vermieden, wenn sich die potentiellen Besitzer nicht nur Gedanken über Abstammung, Exterieur, Ausbildung und eventuelle Erfolge machen würden, sondern auch über die individuelle Persönlichkeit ihres Wunschpferdes.

Nicht Talent, nicht Ausbildungsstand eines Pferdes stecken den Rahmen ab für das, was ein Amateur mit seinem Traumpferd erreichen kann. Vom Spitzensport einmal abgesehen, sind Gelassenheit, Menschenfreundlichkeit, Lern- und Leistungsbereitschaft wichtigere Eigenschaften eines Pferdes als herausragende Gänge oder atemberaubende Springtechnik. Das Zeug zum zufriedenstellenden Reitpferd steckt nahezu in jedem vierbeinigen Partner, wenn er in der täglichen Arbeit nur mitmacht. Das individuelle Verhalten, geprägt von artspezifischen Instinkten, Temperament und Charakter ist ausschlaggebend für eine dauerhaft befriedigende Beziehung zwischen Pferd und Reiter.

Anhang

Weitere empfehlenswerte Literatur

BARTZ, J.: Bis der Tierarzt kommt. Erste Hilfe für Pferde, Stuttgart 1996

BENDER, I.: Handbuch Offenstallhaltung, Stuttgart 1992

BINDER, S.: Umgang mit Pferden. Eine praktische Verhaltenskunde, Stuttgart 1994

BLENDINGER, W.: Psychologie und Verhaltensweisen des Pferdes, Berlin, Hamburg 1988

DRESEL, B., GOHL, C.: Das schwierige Pferd, Stuttgart 1995

ENGELMANN, U.: Welche Haltung für mein Pferd? Stuttgart 1994

GERWECK, G.: So bleibt Ihr Pferd gesund und vital, Stuttgart 1995

LORENZ, K.: Hier bin ich – wo bist du? Ethologie der Graugans, München 1988

MORRIS, D.: Warum scharren Pferde mit den Hufen? München 1993

SCHÄFER, M.: Die Sprache des Pferdes, Stuttgart 1993

TELLINGTON-JONES, L., TAYLOR, S.: Der neue Weg im Umgang mit Tieren, Stuttgart 1993

TELLINGTON-JONES, L., TAYLOR, S.: Die Persönlichkeit Ihres Pferdes, Stuttgart 1995

Weitere empfehlenswerte Videos

GOHL, C.: Pferde richtig verstehen, Laufzeit ca. 47 Min., Stuttgart 1994

KÖHLER, H.-J.: Pferdekenner, Laufzeit ca. 40 Min., Stuttgart 1995

TELLINGTON-JONES, L.: TTOUCH für Dressurpferde, Laufzeit ca. 40 Min., Stuttgart 1995

TELLINGTON-JONES, L.: TTOUCH für Springpferde, Laufzeit ca. 50 Min., Stuttgart 1996

Register

Halbfett gedruckte Seitenzahlen weisen auf Abbildungen hin

Absitzen 81 f., 87
Abspritzen **65**
Abteilung 94
Abteilung, Rangordnung in der 86–88
Abteilungsreiten 86
Abwaschen mit dem Schwamm 64
Anbinden 57–60
Anbindevorrichtung, elastische 59
Anfängerausbildung 75
Aufhalftern, auf der Weide 38
Aufsitzen **81–84**, 87
Auftrensen 66
Augen 13
Ausbildungsarbeit mit jungen Pferden 75, 78
Ausladen 104, 106
Ausmisten 46, 56, 57
Ausreiten in der Gruppe 71, 93 f., 96
Außenbox 45
Außenplatz 92

Bandentür 78
Bewegungsstau 81
Boxenhaltung 44–47, 69
Boxenhaltung, Außenbox 45
Boxenhaltung, Einstreu 45

Durchqueren von Wasser 71, 98
Dülmener 11

Einfangen, auf der Weide 35, 38, **39**
Einstreu 45 f.
Einweichen 48
elastische Anbindevorrichtung 59
Eohippus **10**
Exmoor-Ponys 11

Fellpflege 60–62
Fellpflege, soziale **22**
festlegen 47, **49**
Flattervorhang 71
flehmen 17
Fluchtdistanz 24, 34, 37, 58
Fluchtinstinkt 100
Fluchttiere 11 f.
Fluchtverhalten 24, **25**, 58, 98
Fluchtwanderwild 11
Fohlen 19
Fortpflanzung 19
Freikoppen 70
Freilaufen 78 f.
Freßmanieren 51
Futterbetteln 56
Futterneid **51**, 52, 55
Futterplätze, getrennte **32**
Führen **38–42**
Führen, Halfter 40 f.
Führen, Trense **41**
Führen, Unfallverhütung 40
Führen, zur Weide 33
Führkette **41**
Führpferd 92 f., 103
Fütterung 47–56

Gangarten im Gelände 95 f.
Gehör 14
Gelände, Verhalten im 91–102
Geruchssinn 14
Geschmackssinn 15
getrennte Futterplätze **32**
Gewohnheitstiere 25
Gruppen-Auslaufhaltung 32, 44

Haltungsbedingte Unarten 68
Haut 15
Herdenstruktur 16, 28–32
Hufpflege 63
Hyracotherium **10**

Imponierverhalten **17**
Individualdistanz 23, 38

Kampfverhalten 23, **24**
Karabinerhaken **57**, 58
Kardätsche 61
Kauen, unterwürfiges 29
kleben 85 f.
Kontaktaufnahme 29, **30**, **31**, **35**
Koppen 70, 73
Kopperriemen 70
Körpersprache **20**, 22
Kotablageplatz 46
Kritische Distanz 23, 34, **37**, 38

Lauftiere 11
Lautrepertoire 23
Leithengst 16, 19
Leitstute 16
Lippen 15
Longieren 79, **80**
Luftschlucken 70

Mehrlagiges Fell 26

Nagen 68
Nasenbremse **67**, 68
Nasenkontakt 29, **30**

Naturhindernisse 92, **93**, 98
Nestflüchter 19
Neugierverhalten 24, 58
Norweger 11
Nüstern 15

Ohrenspiel 21
Orientierungssinn 96

Paddock 46
Panikhaken **57**, 58
Parcoursaufbau 77 f.
Pferdesprache 19–23
Przewalski-Pferde 9–11
Putzen 60–62

Quadrupedentest 13
Quietschen 23, 29

Rangordnung 16, 28, 30, 32, 73
Rangordnung in der Abteilung 86–88
Rangordnungskämpfe 29, 30
Reiten auf Wegen 91
Reithalle, Verhalten in der 75–90
Reiz-Reaktions-System 90
Robustpferde 112

Satteln 44, 65 f.
Sattelzwang 66
Scharren 68
Scheren 63
Scheuen 71, **89**, **100**–102
Schlafplatz 46
Schmerzenslaute 23
Schnauben 23
Selbsttränke 48
Sinnesorgane 13
Sinnesorgane, Augen 13
Sinnesorgane, Gehör 14
Sinnesorgane, Geruchssinn 14
Sinnesorgane, Haut 15
Sinnesorgane, Oberlippe 14
soziale Fellpflege **22**, 61

Spiegel 78
Stall, Verhalten im 43-74
Stallmut 81
stimmloses Wiehern 23
Striegel 61
Stroh 47

Tapetum lucidum 14
Tasthaare 15, 63
Tastorgan, Oberlippe 15
Temperaturregelung 15
Tierarztbesuch 68
Tragzeit 19
Trainingsgelände für Vielseitigkeits-
    pferde 100
Transport 103, **105**
Tränken 48–50
Turnier, Verhalten auf dem 103–108

Unarten, Abgewöhnen von 73
unterwürfiges Kauen 29

Urpferd **10**, 11

Verhalten auf dem Turnier 103–108
Verhalten auf der Weide 28–42
Verhalten im Gelände 91–102
Verhalten im Stall 43–74
Verhalten im Straßenverkehr 95 f., 102
Verhalten in der Reithalle 75–90
Verladen 103–**105**
Verladerampen 104
Verziehen der Mähne 63

Wassereimer 48
Wasserschlauch 64
Wälzen 25, **36**, 47, 61
Weben **69**
Weide, Verhalten auf der 28–42
Weidehaltung von Leistungspferden 33
Wetterfühligkeit 96 f.
Wiehern 23
Wildpferde 9 f.

Erlebnis Pferde

Ein Erfolgstitel der
Bestseller-Autorin
Linda Tellington-Jones:
**Die Persönlichkeit
Ihres Pferdes.**
Lernen Sie mit die-
sem Buch, Charakter
und Temperament
Ihres Pferdes zu
bestimmen, positiv
zu beeinflussen
und die Anlagen
Ihres Pferdes
optimal zur
Entfaltung zu
bringen.

189 Seiten, 186 Abbildungen
ISBN 3-440-06893-5

kosmos

Bücher • Videos • CDs • Kalender

zu den Themen : Natur, Garten- und Zimmerpflanzen, Astronomie, Heim-
tiere, Pferde, Kinder- und Jugendbücher, Eisenbahn/Nutzfahrzeuge

Erlebnis Pferde

Jedes Pferd ist ein Individuum. Dennoch bewahrt es seine art-typischen Verhaltens-weisen. Das tägliche Miteinander von Pferd und Mensch wird umso harmo-nischer, je besser das Verständnis klappt. In **Die Psyche des Pferdes** finden Pferdefreunde entscheidende Hilfen, um auf das Wesen ihres Tieres einzugehen.

157 Seiten
ISBN 3-440-07278-9

Bücher • Videos • CDs • Kalender

zu den Themen : Natur, Garten- und Zimmerpflanzen, Astronomie, Heim-tiere, Pferde, Kinder- und Jugendbücher, Eisenbahn/Nutzfahrzeuge